KB268977

말씀으로 여는 대표기도문

말씀으로 여는 **대표기도문**

초판인쇄 2005년 12월 25일
초판발행 2006년 6월 30일

지은이 • Ruth Park
엮은이 • 김홍양
발행인 • 김수곤
발행처 • 도서출판 꿈을 이루는 사람
등록일 • 2005년 8월 30일/제2005-53호
등록주소 • 서울시 송파구 삼전동 103번지
전 화 • (02)2203-2739
팩 스 • (02)2203-2738
이메일 • ccm2you@gmail.com
홈페이지 • www.ccm2u.com

ISBN 89-5546-020-1   03230

총   판 • 선교횃불

하나님께 초점을 맞춘 성경적 기도 119

말씀으로 여는
대 표 기 도 문

Ruth Park 지음
김홍양 목사 엮음

머리말

　　교회를 다니는 성도들이 공통적으로 갖는 소원이 있다면 기도를 잘하는 것이다. 이 소원은 몇 가지의 이유 때문에 생긴다. 그 이유 중 가장 큰 비중을 차지하는 것은 아마도 다른 사람을 의식하는 것이다. 기도를 유창하게 잘하면 다른 사람들이 신앙을 인정해주고 감동받았다고 칭찬까지 해 준다. 그러나 기도를 어설프게 하면 믿음도 없어 보이고 다른이의 심정을 안타깝고 불안하게 만들기까지 한다. 왜 그럴까? 기도는 신앙생활에 있어서 가장 빈번하게 일어나는 순서이며 또한 과정이다. 모든 모임에서 배제할 수 없으며 피해갈수 없는 것이 기도 시간인 것이다. 이와 같이 자주 해야하는 기도를 자신있게 멋있게 유창하게 하니 얼마나 어깨에 힘이 들어가겠는가? 그래서 대표기도를 하게 될 때는 기도를 잘하는 사람들에게 써 달라고 하기도 하고 다른 책에서 베끼기도 한다.

　　그러나 정말 기도를 잘한다는 것이 무엇인가? 다른 사람들에게 인정받을 정도로 아름답고 멋있게 표현하면서 부르짖으면 되는 것일까? 물론 대표기도는 혼자만의 기도가 아니다. 그러므로 모든 회중의 공감대가 일치하는 기도를 드려 은혜가운데 모든 이들이 "아멘"할 수 있어야 한다. 그러나 더 근본적인 요소는 하나님의 마음에 합한 기도여야 한다는 사실이다. 그러므로 기도를 잘한다는 것은 먼저 하나님의 마음에 들어야 하고 다음으로 사람들의 마음에 감동을 주어야 한다.

　　하나님의 마음에 든 대표기도는 예수님의 기도다. 우리는 이 주기도문

을 통해서 기도의 모범을 발견한다. 간결하면서도 모든 내용을 담고 있는 가장 잘한 기도임을 부인할 수 없다. 따라서 잘 하는 기도는 주님의 기도에서 발견할 수 있는 기본적 틀을 갖춘 기도다.

첫째, 기도의 대상에 대한 경외적 부름

둘째, 기도의 대상에 대한 감사와 찬송

셋째, 기도의 대상을 향한 회개와 결단

넷째, 기도의 대상을 위한 간구와 소원

다섯째, 기도의 대상에게 요청하는 중보

여섯째, 기도의 통로인 예수에 대한 고백 등이다. 이상의 내용이 어떻게 배치되고, 또 표현이 얼마나 성숙되며 다듬어졌느냐에 따라 그 기도의 잘함과 못함이 결정된다. 더 나아가 신학적 문제와 상황적 문제, 언령적 문제와 시간적 문제를 고려한다면 금상첨화일 것이다.

본 책은 기도하면서 쓴 글이다. Ruth Park 자매의 수고와 기도, 나의 동역자 김수곤안수집사의 정성어린 사랑의 권유와 자료제공 등에 의해 태어났다. 다시 주님 안에서 아름다고 귀한 글을 쓸 날을 기대하면서 모든 이의 사랑과 이해를 갈망해 본다.

김홍양 목사

(한국교회비전클럽 섬김이, 잠실효성교회 담임)

책머리에

주님이 나를 산소 통로로 사용하실 뿐이다

기독교 전문서점에 가 보면 기도에 대한 책이 정말 넘치도록 많다. 그래서 새삼스럽게 여기서 기도란 무엇이며, 어떻게 하는가에 대해서는 언급하고 싶지 않다. 사실 기도는 어떻게 하는지를 배우는 것보다 실제로 하는 것이 훨씬 더 중요하다고 생각하기 때문이다. 아무리 기도에 대한 노하우를 많이 알고 있다 하더라도 기도하지 않으면 아무 소용이 없다. 어쩌면 기도에 대한 책을 읽는 시간에 기도하는 것이 더 좋을 것이다. 그러나 대표기도는 개인기도와 좀 다른 점이 있다.

먼저 대표기도에 대해서 중요하다고 생각하는 것 몇 가지만 짚고 넘어가려고 한다.

첫 번째, 기도하는 대상에 대해 올바로 인식해야 한다. 우리가 기도하는 대상인 하나님이 어떤 분이신지 정확히 알아야 제대로 기도할 수 있기 때문이다. 여기서 '정확하게' 아는 것과 '많이' 아는 것은 다르다. 처음부터 하나님을 많이 알 수 는 없다. 하지만 올바르게 알아야 한다.

우리가 기도하는 대상인 하나님은 성경에 나타난 바와 같이 천지와 인간을 창조하시고 독생자 예수님을 우리의 대속 제물로 주신 지극히 크고 높으신 분이며 사랑과 공의의 아버지다.

두 번째, 대표기도란 회중을 대표해 기도하는 것이지만, 기도하는 그 순간은 하나님 앞에서 홀로 서 있는 것처럼 기도해야 한다. 기도는 사람들을 즐겁게 하거나 만족시키기 위한 것이 아니라 하나님께 드리는 것이기 때문이다. 기도의 초점이 하나님께 있다면 그 자리에 있는 모든 회중들도 만족을 누릴 수 있을 것이다.

세 번째, 기도의 분량이나 내용은 원칙적으로 사람들을 염두에 두기보다 하나님을 기쁘시게 하는 것이 중요하다. 화려한 말로 모든 사람들이 감동할 만한 기도를 한다 할지라도 하나님께서 받으시지 않으면 아무 소용이 없다. 그러므로 하나님께 찬양과 영광을 돌려드리는 것이 무엇보다 중요하다.

개인적으로는 주일 대예배를 위한 기도를 할 때 전심을 다해 "하나님 아버지! 주의 임재 가운데 이 예배를 흠향하여 주옵시고 홀로 영광과 존귀를 받으시는 귀한 시간 되기를 예수 그리스도의 이름으로 기도하옵나이다. 아멘." 하는 것이 가장 사족이 없는 기도가 될 수 있다고 생각한다.

하지만 예배에는 일정한 형식이 있으므로 어느 정도는 그 틀에 맞추지 않을 수 없기에 규칙적으로 기도하게 된다. 하지만 그럴 때라도 처음부터 끝까지 하나님께 초점을 맞춘다면 하나님께서 기뻐하시리라 믿는다.

네 번째, 대예배든 구역예배든 혹 심방예배든 미리 성령님의 임재를 위해 기도할 수 있어야 한다. 아무 준비 없이 가기보다는 성령님의 깊은 임재를 위해 기도하고 간다면 기도의 내용이나 그 능력은 확실히 다르기 때문이다. 사실 성령님의 임재 가운데 기도한다면 기도문은 필요 없을 것이다.

다섯 번째, 기도는 훈련이다. 평소에 얼마만큼 많이 하느냐가 관건이다. 기도하면 할수록 하나님을 더 잘 알게 되고, 하나님 앞에 더 가까이 서는 법을 알게 된다는 것은 주지의 사실이다.

한 번 가 본 길은 다시 가기 쉽다. 그리고 더 짧게 느끼게 된다. 기도로 주님께 나아가는 것도 마찬가지라 생각한다. 처음에는 어둡고 먼 길을 걸어가는 것처럼 어색하고 거리가 좀처럼 가깝게 느껴지지 않아 지루할 수도 있다. 주위의 환경이나 상황을 돌아볼 여력이 없고 불안하기까지 하다. 그러나 일단 가 본 길은 다음에 좀 더 쉽게 갈 수 있고 익숙해지면 눈 감고도 가게 된다. 기도도 이와 같다고 생각한다. 그래서 나중엔 "아버지!" 단 한마디로도 모든 기도를 다 할 수 있는 때가 올 것이다.

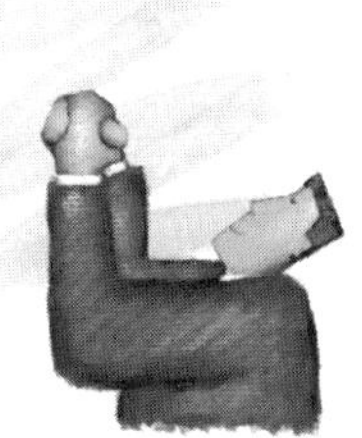

　그 길을 찾는 방법은 각자 다르다. 다만 직접 가야 한다는 사실과 우리 영혼이 숨 쉬기 위해 매순간 기도해야 한다는 사실은 모두에게 똑같이 주어진 과제다. 그리스도인들에게 기도는 호흡과 같다. 불신앙이 만연하고 우상으로 가득한 이 세상 가운데서 그리스도인들이 믿음으로 살아남으려면 기도로 숨을 쉬어야 한다. 사실 우리가 한 번도 숨쉬는 법을 배운 적은 없지만 너무나 자연스럽게 숨쉬고 있는 것처럼 기도하는 것을 특별히 사사받아야 하는 것은 아니다. 그냥 하나님 앞에서 예수님의 이름으로 기도하는 것이다. 그것이 가장 자연스럽다.

　그럼에도 불구하고 현실적으로 대표기도를 부담스러워하거나 어려워하는 이들을 위해 작은 도움이 될 수 있기를 바라는 마음으로 기도문을 쓰게 되었다. 이 기도문은 거룩하고 온전하며 크고 놀라운 하나님께서 부족한 나를 산소의 통로로 삼아 사용한 것뿐이다. 그러기에 이 기도문을 통해 어떤 분이 조금이라도 신선한 산소를 공급받았다면 그것은 주님께서 그분에게 주신 은혜이기에 감사드릴 뿐이다. 오직 영광을 받으시고 찬양 받으시기에 합당하신 주님께 감사드리며….

추천사 1

신학과 영감이 있는 기도를 위하여!

2세기 중반에 기록된 순교자 져스틴의 편지에 의하면, 공 예배에서 기도는 설교가 행해진 이후에 '모두가 일어서서' 하는 형식으로 진행되었다. 당시 예배에서는 설교 이후 성찬예식 직전에 회중의 기도가 행해졌기 때문에 세례를 받지 않은 사람들은 이 기도에 참여할 수 없었다. 따라서 새로 세례를 받은 사람들이 가장 먼저 누리게 되는 특권은 바로 이 회중기도에 동참하는 것이었다. 오늘날도 회중의 기도에 참여한다는 것은 성도만이 누릴 수 있는 큰 특권이다.

공 예배에서 하는 공적인 기도는 개인적으로 하는 사적인 기도와 여러모로 다르다. 왜냐하면 대표기도를 하는 사람은 자신의 기도가 아닌 그 자리에 모인 회중 전체를 대표하여 기도를 하는 것이기 때문이다. 이 하나의 사실이 많은 것을 다르게 한다.

기도함에 있어서 기도의 주체를 분명히 해야 한다. 사적인 기도는 '나' 또는 '저'이지만, 공적인 기도는 '우리' 또는 '저희'이다. 어떤 이는 대표기도를 하다가 "나를 죄에서 구원해 주신 예수님의 이름으로 기도합니다"라고 끝맺는데 이는 잘못된 말이다. "우리를 죄에서 구원해 주신..."이라고 해야 한다. 또 사적인 기도는 골방에서나 버스를 탔을 때, 심지어 일을 하면서도 할 수 있지만, 공적인 기도는 반드시 회중이 모인 자리에서 행해지며, 일반적으로 예배당에서 행해진다. 기도의 시간에 관해서도, 사적인 기도는 한번 시작해서 한 시간을 하건 두 시간을 하건 개인의 자유이지만 공적인 기도는 2-3분을 넘지 않는 것이 좋다. 기도의 형식에 있어서도 사적인 기도는 아무런 제약을 받지 않지만, 공적인 기도는 또박또박 논리 정연하게 해야 한다.

이렇듯 공적인 기도는 사적인 기도와 달라서 방법과 규칙이 있고 내용이 신학적이어야 하기 때문에 교회 역사를 보면 기도문들이 기록되고 수집되

어서 예배에 활용되었다. 3세기 초에 기록된 사도전승(Apostolic Tradition)
이 이러한 기도문을 제시하고 있으며, 모든 주교에게 그 기도문으로 똑같이
기도하지 않더라도 그것과 같은 내용으로 기도하라고 규정하고 있는 것을
보면 기록된 기도문의 중요성을 쉽게 짐작할 수 있다.

　오늘날 한국교회처럼 미리 기도문을 준비하지 않고 기도자가 '성령의 영
감을 받아' 즉흥적으로 기도하는 방식은 16세기 청교도들로부터 유래되었
다. 오늘날 회중교회의 조상이 되는 영국의 '분리주의자들' 및 '청교도들'
은 기록된 기도문들이 회중의 상황 및 처지에 딱히 들어맞지 않는다 하여 그
자리에서 즉흥적으로 하는 기도를 선호하였으며, 짧게 하던 예배기도를 기
도를 길게 하는 기도로 바꾸었다. 19세기 말 한국에 온 미국과 캐나다의 선
교사들은 이러한 신앙전통을 이어받은 사람들이었으며, 한국말을 잘 알지
못한 상황에서 '긴 기도'를 할 능력이 없었고, 그래서 그들을 돕는 권서인
(券書人)이나 소위 '조사'(助事)에게 기도를 맡길 수밖에 없었다. 결국 한국
교회에서 공 예배 기도가 신학적 훈련과 예배학적 이해가 없는 성도에게로
넘어가게 된 것이었다.

　한국교회는 지금까지 성도들에게 '기도를 하라'고만 가르쳤지 어떻게 기
도하라고는 가르치지 않았다. 그래서 교회들의 예배에 참석해 보면 대표기
도자의 기도가 신학적으로 많은 아쉬움을 지니고 있는 것을 자주 보게 된
다. 차제에 평신도가 저술하고 목회자가 이를 신학적으로 점검하여 엮은 기
도집이 출판되게 되어 매우 기쁘다. 이 책이 한국교회의 예배기도에 많은
영감과 영적 풍성함을 제공해 주기를 바라는 마음 간절하다. 주님의 평화!

조 기연 목사

(서울신학대학교 실천신학 교수)

추천사 2

예수님은 제자들에게 기도하는 법을 가르쳐 주셨다. 예수님은 기도하는 사람의 정신과 태도, 사용하는 언어, 기도문의 내용, 금식기도 등에 대하여 말씀하셨을 뿐만 아니라(마6:5-18), 행동으로 기도자의 삶을 보여주셨다.

많은 사람들이 기도는 배우지 않아도 할 수 있는 것으로 안다. 그 결과 오랫동안 교회에 다니지만 기도하지 못하거나, 기도를 때와 장소에 맞게 하지 못하거나, 기도의 의미를 바로 알지 못하는 신자로 머물러 있게 된다.

한국교회에 기도에 관한 책이 없었던 것은 아니다. 기독교 서점에서 우리는 국내외 저자들이 쓴 다양한 기도서들을 만날 수 있다. 그 모든 책들이 기도의 길잡이가 되는 것은 사실이다.

그러나 「말씀으로 여는 대표기도문」은 지금까지 시중 기독교 서점에서 볼 수 있는 기도서들과 다른 점이 몇 가지 있다.

우선, 내용이 명료하여 무엇을 기도해야 하는지 분명하게 보여준다. 여기서 우리는 '중언부언' 하지 않고 드리는 기도를 배울 수 있다.

다음으로, 주일 낮 예배를 비롯하여 교회 안팎에서 드리는 다양한 예배와 예식에 필요한 기도의 모델들을 만날 수 있다. 이 책 한 권에 대표기도 및 중보기도를 드려야 하는 모든 상황들이 총 망라되어 있다.

이 기도서의 장점은 무엇보다도 기도하는 삶을 사는 사람이 기도서를 저술했다는 데 있다. 이 책에 실린 기도문들은 저자의 신앙고백이 진솔하게 배어 있어서 독자들에게 영적인 감동을 준다. 보다 나은 기도를 드리기 원하는 모든 그리스도인들에게 적극적으로 추천하고 싶은 책이다.

김한옥 목사

(서울신학대학교 실천신학 교수)

추천사 3

　얼마 전 칠순이 넘으신 남자 집사님으로부터 기도에 대한 책이 있으면 한 번 보고 싶다는 부탁을 받고 서재를 뒤졌으나 마땅한 책이 없어서 부교역자를 시켜 구입하여 드렸지만 내용은 그리 흡족하지 않았다.

　기도는 영혼의 호흡이며 하나님과의 대화라고 가르치면서도 내 자신이 기도에 대하여 아쉬움과 부담을 가질 때가 많다. 강단 뒤에서 장로님의 대표기도에 마음을 조일 때도 한 두 번이 아니다.

　수요예배에 기도순서가 들어 있어서 아예 그 날 교회에 나오지 않는 집사님도 있고, 예배가 끝난 후 대표 기도한 집사님이 얼굴을 묻고 도망치듯 나가는 경우도 있다.

　목회사역을 통해 항상 느끼는 것은 상황에 따른 적절한 기도는 설교 못지 않게 어렵다는 것이 솔직한 고백이다.

　편저자인 김홍양 목사님은 10여 년 전에 잠실벌에 빈손으로 들어와 야곱과 같은 씨름하는 기도로 능력을 덧입고 매일 일대일 전도를 통하여 오늘의 잠실효성교회를 일구어 낸 자랑스러운 동역자이다.

　이 책이 목회자들이나 평신도들에게 기도의 좋은 길잡이가 되리라 믿어 기쁜 마음으로 추천하는 바이다.

지 광 운 목사

(GO선교회장, 한빛교회 담임)

차례

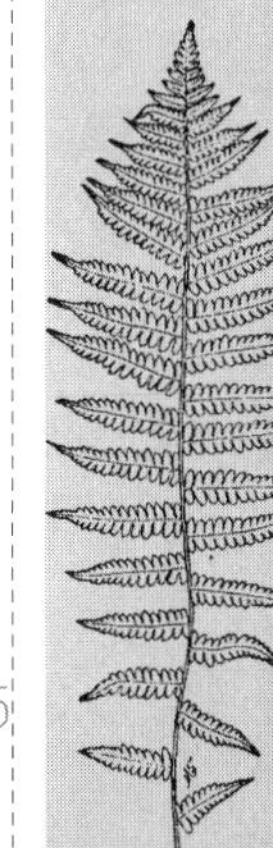

2장 교회 절기 예배

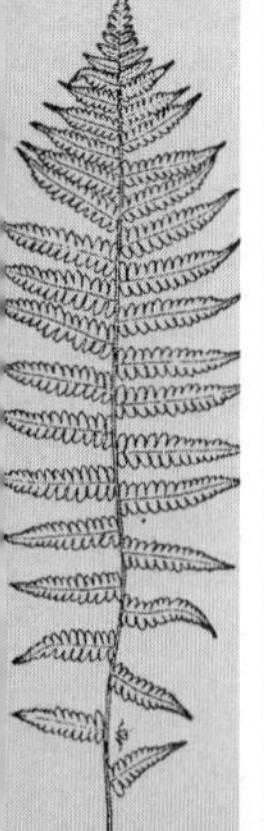

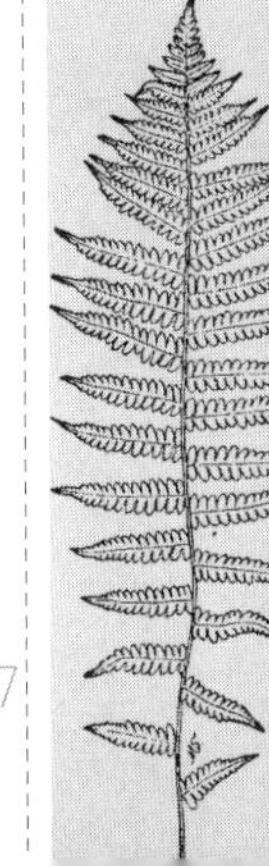

2) 심방기도

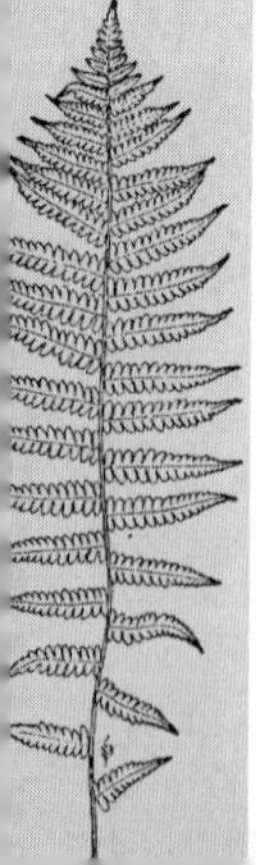

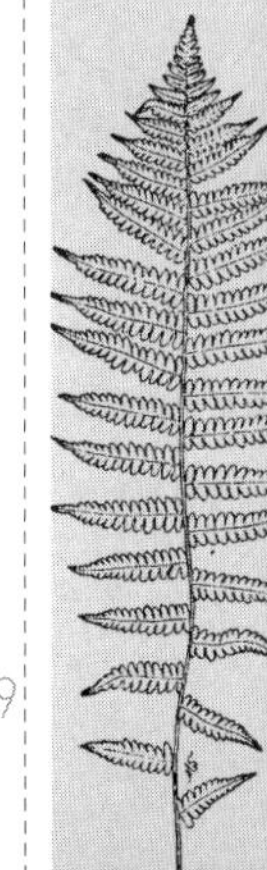

3부 골방에서 드리는 사회과 국가, 세계를 위한 중보기도 261

4부 믿음의 선진들의 기도 299

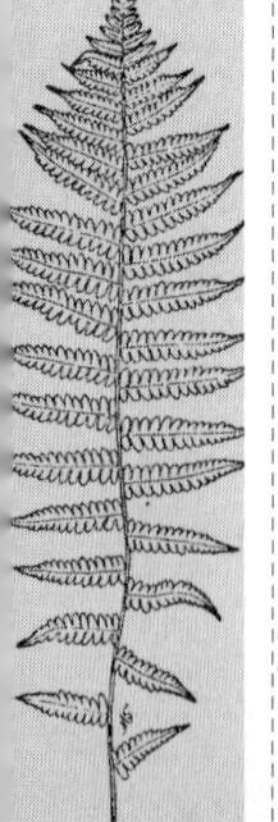

주는 거룩하고 유일한

하나님이십니다.

주의 일은 아름답습니다.

주는 강하고 위대하시며,

가장 높으시고 전능하십니다.

– 성 프란체스코 –

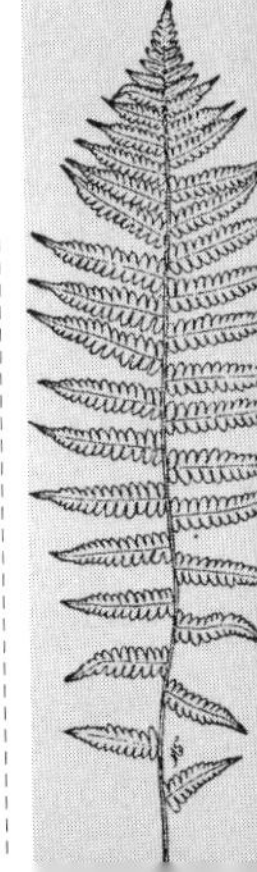

들어가는 글

대표기도를 잘 하려면

인생에서 진정으로 성공하기 위해서는 일보다 사람 중심이어야 하듯이 하나님과의 관계도 마찬가지라 생각한다. 하나님과 얼마나 밀접한 관계냐가 하나님을 위해 어떤 일을 얼마만큼 하는가보다 훨씬 중요하다.

내가 아는 한 자매의 이야기다. 모태 신앙인 이 자매의 아버지는 장로이고 어머니는 구역장을 맡고 있다고 했다. 자매는 스물다섯 살까지 부모님의 강요에 의해 교회에 다니다가 어느 날 예수님을 인격적으로 만나고 교제를 시작하게 되었다. 그로부터 약 1년 정도 지난 뒤 자매는 부모님의 신앙에 대해 큰 충격을 받았다고 한다.

그다지 크지 않은 교회에서 장로 직분을 맡고 있는 자매의 아버지는 종종 주일 낮 예배 대표기도를 하곤 했는데, 늘 칭찬받을 만하게 기도문구가 수려했고, 아주 믿음이 좋은 것으로 인정을 받았다. 또한 어머니도 구역장을 맡아 구역식구들을 배가시키며 열심히 일했기에 목사님과 성도들에게 칭찬을 받는 분이었다.

그런데 어느 날 저녁, 식사를 하면서 대화를 나누던 중 자매는 그토록 기도를 잘하는 아버지와 교회에서 충성스레 일하는 어머니가 하나님을 인격적으로 알지 못한다는 사실을 알게 된 것이다. 심지어는 부활을 실제적으로 믿지 않으면서 그냥 종교적인 사상으로만 이해하고 있었던 것이다.

이 자매는 너무나 충격을 받았고 부모님께 살아계시고 역사하시는 하나님이 온 우주의 창조주 되신다는 것과 예수님의 죽으심과 부활, 그리고 성령님의 임재에 대해 설명을 드리고 예수님을 실제적인 구세주로 받아들일 수 있도록 도와드렸다고 한다.

이러한 일들이 많지는 않겠지만, 우리 교회 현실의 일부라면 참 두려운 일이다. 교회에서 직분을 맡아서 열심히 일하거나 회중 앞에서 기도를 매끄럽게 잘해 사람들에게 인정을 받을 수는 있겠지만, 예수님께서 인정하시지 않으신다면 무슨 소용이 있겠는가? 그러므로 평소에 하나님과 인격적인 교제를 나누는 일은 대표기도하는 데 있어서도 기본이 되는 것이다.

하나님과 교제를 나누기 위해서는 그분과 대화를 하기 위해 말씀과 기도를 늘 가까이 해야 한다. 처음에 기도는 노동이 되기 쉽다. 정말 기도하기가 쉽지 않다. 하지만 좀 지나면 기도는 안식이 될 것이다. 기도하면서 주님과 누리는 그 시간을 어느 것보다도 귀하게 여기게 되고 가장 우선순위에 두게 될 것이다.

하나님을 만나는 기쁨이야말로 세상의 어떤 것과도 바꿀 수 없기 때문이다. 예배드리는 기쁨을 누릴 수 있다면 대표기도는 자연스럽게 잘할 수 있을 것이라 믿는다.

끝으로 이 책은 순전히 참고로만 하기 바란다. 하나님 앞에서는 어떤 형식과 틀보다 가난한 마음이 가장 중요하다고 생각하기 때문이다. 가난한 마음과 주님을 갈구하는 심령으로 기도할 수 있기를 간절히 바란다.

영혼을 깨우소서

오, 내 마음속에 거룩한 불이 있어
지금 강하게 타오르기 시작한다
바닥에 깔린 욕구의 찌꺼기를 태우시고
산들이 흐르게 하소서

불을 새롭게 하여 내 마음을 지나가게 하사
내 영혼을 깨우소서
모든 곳에 당신의 생명을 뿌리사
온 영혼을 성결케 하소서

– 찰스 웨슬리 –

1) 주일 낮 예배

주일 낮 예배 대표기도 1

창조와 역사의 주 하나님 아버지!

지난 한 주간도 저희를 죄악된 세상에서 구원하여 주시고 보다 복된 삶으로 인도하여 주시니 감사드립니다.

온 세계 가운데서 영광을 받으시기에 합당하신 하나님, 찬송과 존귀와 능력을 받으시옵소서. 세계가 주님께 속하였고 그 역사가 주님께만 있사오니 온 하늘과 온 땅 가운데서 홀로 높임을 받으시옵소서.

사랑의 하나님 아버지!

오늘 저희는 주님 앞에 한 마음으로 모여 주님의 얼굴을 뵙기 원합니다. 그 빛난 얼굴을 보여 주시고 그 찬란한 영광을 저희 가운데 나타내시옵소서.

저희가 가진 모든 생각들과 처한 환경이나 상황들을 온전히 내려놓고 이 시간 주님께 나아가길 간절히 원합니다. 오직 저희를 구원하신 예수 그리스도의 십자가를 의지하며 주님 앞에 나가오니 그 보좌 가운데서 저희의 찬양과 예배를 받으시옵소서.

참으로 하나님 앞에 서는 이 자리가 저희의 의나 행실의 옳고 그름이 아니라 오직 예수님의 십자가로 가능하다는 사실을 믿고 고백하며 나아갑니다.

거룩하신 주여!

지난 한 주간 주님의 말씀과 뜻을 알면서도 욕심과 연약함으로 저지른 저희의 허물을 용서하옵시고, 지금 부족하기 그지없는 저희들의 찬양과 경배를 받으시옵소서. 죄인들을 천하보다 귀한 영혼으로 부르시는 하나님의 궁휼과 사랑에 힘입어 경배를 드리오니 홀로 찬양을 받으시옵소서.

날이 갈수록 험악해지는 이 세상에서 저희들을 시험에 들지 않게 하옵시고, 시대가 아무리 어려워도 신실한 하나님의 사랑 안에서 의인은 믿음으로 산다는 것을 날마다 증거하도록 저희를 강건케 해주시옵소서.

그리고 이 자리뿐만 아니라 매일의 삶 속에서 주님과 더 생생히 대면하여 살 수 있도록 저희를 늘 깨어 있게 도와주시옵소서. 조그마한 어려운 일에도 쉽게 좌절하는 연약한 모습이 아니라, 주님의 강한 군대로 설 수 있도록 믿음을 더하여 주시길 간구합니다.

주 예수님!

주님 앞에 모두 모인 이 자리에서 저희가 사랑을 고백하기 원합니다. 주님 사랑합니다. 주님께서만 이 예배를 받으시기를 간구합니다.

전 세계 모든 나라와 족속과 열방 가운데서 또한 찬양을 받으시옵소서. 하나님의 뜻이 하늘에서 이루어진 것같이 이 땅에서도 이루어지게 하여 주옵시며 이 모든 일 가운데 주님만 영광을 받으시옵소서.

감사와 찬양을 돌려드리며 이 모든 말씀을 이제 곧 다시 오실 예수 그리스도의 이름으로 기도드리옵나이다. 아멘.

그러므로 이제 그리스도 예수 안에 있는 자에게는 결코 정죄함이 없나니(로마서 8:1).

오직 나의 의인은 믿음으로 말미암아 살리라 또한 뒤로 물러가면 내 마음이 저를 기뻐하지 아니하리라 하셨느니라 우리는 뒤로 물러가 침륜에 빠질 자가 아니요 오직 영혼을 구원함에 이르는 믿음을 가진 자니라(히브리서 10:38-39).

하나님의 말씀은 살았고 운동력이 있어 좌우에 날선 어떤 검보다도 예리하여 혼과 영과 및 관절과 골수를 찔러 쪼개기까지 하며 또 마음의 생각과 뜻을 감찰하나니(히브리서 4:12).

살아계시고 역사하시는 하나님 아버지!

창세전에 저희를 지명하여 부르시고 구원하여 주셔서 주님의 자녀 삼아 주시니 진심으로 감사드립니다. 지금 이 시간 구원의 주님 앞에 나가오니 받아 주시옵소서.

주님의 이름이 온 땅에 충만하고 영화로우시니 모든 족속과 방언과 나라들 가운데서 찬양을 받으시옵소서.

이 시간 저희들이 하나님 존전에서 주님의 얼굴을 보며 예배드리기 원합니다. 마음을 모아 주님께 나아가되 우리의 생각과 근심들을 내려놓고 주님만을 바라보게 하옵소서.

두세 사람이 예수님의 이름으로 모이는 곳에 함께 하신다고 약속하셨사오니 오늘 저희 가운데 좌정하시어 영광을 받으시길 간절히 원하옵나이다.

오직 예수님의 보혈로 하나님 아버지 앞에 섭니다. 그 보혈로 죄에 물든 저희의 행동들과 하나님께서 미워하시는 생각들을 정결케 해 주셨음을 믿습니다. 참으로 그리스도 예수 안에 있는 자에게는 결코 정죄함이 없다(로마서 8:1)고 말씀하신 것은 우리가 죄를 짓지 않거나 죄가 없기 때문이 아니라, 아버지께서 저희를 의롭게 하셨기 때문임을 믿습니다. 예수 그리스도의 의, 그 의를 입어 하나님 아버지 앞에 서 있는 저희 입술이 주님을 찬양할 뿐 아니라 온 마음을 다하여 주님께 경배를 드립니다. 찬양과 영광과 존귀를 받으시옵소서.

저희 한 사람 한 사람을 천하보다 귀하다고 하신 주님께서 각 사람에게 은혜와 긍휼을 내려 주셔서 어려움과 고통 가운데서도 불평으로 나가지 말게 하옵시고 더 적극적인 감사와 찬양으로 믿음을 더하게 하여 주시기를 간절히 간구하옵나이다.

또한 의인은 믿음으로 말미암아 살리라고 하셨으니 그 믿음으로 이 어려운 세상 가운데서 뒤로 물러서지 말게 하옵시고 강한 군사로 서게 하여 주시옵소서(히브리서 10:38-39).

육신의 연약함으로 고통받는 이들의 고통을 하감하여 주시고, 고통 가운데서 부르짖는 그들의 기도를 들어 응답하여 주옵소서.

또한 전 세계에서 주의 일에 수고하는 선교사들에게도 함께하셔서 그들의 눈물의 기도를 신원하여 주시기를 간절히 원합니다.

주께서 세우신 이 교회 위에 주의 은혜를 부으셔서 세상의 지혜가 아닌 하나님의 지혜와 말씀으로 성장해 가게 하시고 날이 갈수록 어두운 이 세계 가운데 빛으로 설 수 있도록 저희를 깨어 있게 하여 주시옵소서.

말씀을 선포하실 목사님 위에 주의 성령으로 함께하시고 그 감격과 감동이 동일하게 저희 성도들에게도 임하기를 간구하옵니다. 하나님의 살아 움직이는 말씀이 저희들의 심령과 골수를 쪼개어 거듭나게 하옵시고(히브리서 4:12) 이 말씀이 큰 권능이 되어 뼈 속까지 스며들게 하사 평강의 복음을 담대히 전하는 전도인의 생활이 이어지게 하옵소서.

하나님 아버지! 이 예배의 주인 되신 아버지께서 홀로 영광을 받으시고 찬양을 받으시길 바라오며 주의 뜻이 하늘에서 이루어진 것같이 이 땅 위에서도 속히 이루어지길 기도합니다.

이 모든 말씀을 만왕의 왕 만주의 주로 다시 오실 예수 그리스도의 이름으로 기도드리옵나이다. 아멘.

새 노래를 노래하여 가로되 책을 가지시고 그 인봉을 떼기에 합당하시도다 일찍 죽임을 당하사 각 족속과 방언과 백성과 나라 가운데서 사람들을 피로 사서 하나님께 드리시고 저희로 우리 하나님 앞에서 나라와 제사장을 삼으셨으니 저희가 땅에서 왕노릇하리로다 하더라(요한계시록 5:9-10).

거룩하시고 온전하신 하나님 아버지!

예수 그리스도의 보혈의 공로로 저희를 사셔서 나라와 제사장으로 삼으신(요한계시록 5:9-10) 하나님 아버지께 영광과 존귀를 돌려드리오니 기뻐 받으시옵소서. 이 시간 주님의 백성된 저희가 주님의 지성소로 나아가 주의 앞에 서서 그 빛난 얼굴을 뵙기를 원합니다.

지난 6일 간의 저희의 삶이 하나님 보시기에 합당하지 않고 여전히 부족한 죄인의 모습이었지만, 이 시간 예수님의 보혈로 말미암아 속죄함을 입고 하나님의 영광 가운데 나가기를 소망하옵나이다.

지난 모든 순간과 현재 내게 일어나고 있는 모든 일과 상황들을 온전히 내려놓고 예수 그리스도의 십자가를 통해 주님 앞에 나가기를 간절히 원하오니 주여, 저희에게 임하여 주시옵소서.

주님께서 저희 가운데 임하시는 그 순간, 아픔과 고통, 절망과 슬픔, 교만과 아집, 혈기와 분노, 헛된 욕심이 진정 아무것도 아니라는 것을 알게 될 줄 믿기 때문입니다.

주님께서 저희에게 '내 아들아, 내 딸아 사랑한다'고 하시는 그 순간 저희가 잡고 있던 그 어떤 것이라도 놓을 수 있기 때문입니다.

너무 막막해서 앞이 보이지 않는 순간들, 끝없는 육신의 고통, 사람들에게서 받은 상처, 거절당한 아픔, 상대적인 빈곤감과 낮은 자존감 등이 순식간에 회복되는 것을 알기 때문입니다.

사랑과 치료의 하나님 아버지!

두려움이나 불안함, 그리고 불평하는 것이 참으로 믿음이 없어서 생겨나는 것임을 고백하오니, 저희 가운데 겨자씨 한 알 만한 믿음을 더하셔서 넉넉히 이길 수 있도록 역사하여 주시옵소서.

이 시간 말씀으로 저희를 먹여 주시되 심령으로 깊이 깨닫게 하시고 송이꿀보다 달게 하옵소서. 또한 매일의 삶 가운데 주님의 말씀을 깊이 사모하여 날마다 묵상하게 하시고 예수 그리스도이신 말씀을 먹고 마시는 일이 기쁨이 되게 하옵소서.

사랑하는 하나님 아버지, 잠으로 이 예배 가운데 불러주셔서 예배드림이 기쁨이 되게 해 주심을 인해 감사드립니다. 주님만 영광을 받으시는 시간이 되길 간절히 원하오며 이 모든 기도를 예수 그리스도의 귀한 이름으로 기도드리옵나이다. 아멘.

살아계시고 역사하시며 만왕의 왕 만주의 주 되신 하나님 아버지!

찬양과 감사와 영광과 존귀를 받으시옵소서. 주님의 온전한 뜻이 모든 나라와 족속과 방언 가운데서 이루어지기를 원하오니 주님 홀로 영광을 받으시옵소서.

주의 거룩함으로 날마다 우리를 덧입혀 주옵시고 주로 말미암아 매일을 살게 하여 주시옵소서.

주의 얼굴을 뵙는 것이 우리의 기도가 되게 하옵시고 주께 찬양드림이 우리의 호흡이 되게 하옵소서. 지극히 부족한 우리가 거룩한 하나님 앞에 설 수 있는 것은 오직 우리를 대신하여 죽으시고 부활하셔서 모든 산 자의 소망이 되신 예수 그리스도를 인함임을 고백드리며 찬양과 감사를 드립니다.

오늘 날마다 그 감격과 감동으로 살기를 바라는 마음으로 주님 앞에 예배를 드리오니 이 예배 가운데 하나님 아버지만이 주인되시며 홀로 영광을 받으시옵소서.

사랑하는 하나님 아버지!

주님 앞에 나와 예배드리는 각 사람이 어떤 환경과 여건에 처해 있든지 이 시간은 정결하고 온전한 마음으로 주님 앞에 서게 하여 주옵소서. 우리의 모든 소망이 주께만 있사오니 하나님 아버지 한 분만으로 기뻐하게 하여 주옵소서.

우리에게 주어진 삶이 힘들고 어렵지만 여전히 소망이 있음을 아는 것은 주께서 우리 삶의 주인 되시며 주님의 온전한 뜻이 우리 가운데 이루어질 것을 믿기 때문입니다.

이 시간 저희에게 고통 받는 모든 이웃들을 기억하게 하옵시고 그들을 향한 하나님 아버지의 마음을 부어 주셔서 날마다 중보의 기도를 드릴 수 있도록 우리의 마음을 녹여 주옵소서. 그리고 그들을 향한 아버지의 사랑을 전할 수 있도록 용기를 더하여 주시기를 바랍니다.

또한 하나님의 긍휼과 은혜로 우리나라를 축복하여 주시옵소서. 나라 전체가 경제적으로 곤고하지 않게 하옵시며 부유한 가운데서 교만하기보다는 감사하는 마음으로 이웃을 돌아보며 세계를 향한 아버지의 마음을 알아 필요한 재정을 공급하게 하옵소서.

무엇보다 이 시간에도 각 나라와 족속과 열방으로 나아가 주님의 이름을 위하여, 하나님 아버지의 영광을 위하여 수고하는 모든 선교사들을 기억하여 주옵시고 그들의 간절한 기도를 들어 응답하여 주옵소서.

세계가 주님께 속하였으니 모든 나라와 족속과 열방이 주의 이름을 알게 하옵시고 동일한 은혜를 내려 주셔서 아버지께 영광 돌리는 역사가 일어나게 하옵소서.

이 시간 우리의 위로자 되시며 모든 산 자의 영광이 되시는 하나님 아버지!

주님의 지극한 은혜가 주의 뜻으로 세워진 이 교회 위에 풍성히 내리게 하옵시고 땅과 하늘을 흔드는 주의 온전한 말씀을 선포하여 주사 우리의 심령과 골수를 깊이 쪼개고 그 말씀으로 치유되게 하여 주옵소서.

주께 예배드리는 기쁨을 허락하여 주셨사오니 감사와 존귀와 영광을 주님께만 돌려드리며, 이 모든 말씀을 전 세계 가운데 다시 오실 예수 그리스도의 귀하신 이름 받들어 기도드리옵나이다. 아멘.

온 역사의 주인되시며 그 영광이 온 땅 가운데 충만하신 하나님 아버지!

감사와 존귀와 찬양을 드립니다. 그 영광이 온 하늘 위에 높이 들리시며 모든 천군과 천사들뿐만 아니라 하늘과 땅과 그 위에 충만한 모든 것이 주의 이름을 찬양하며 새 노래로 주의 이름을 높여 드리길 원합니다.

오늘 기쁨과 감사로 주의 존전에서 예배드리는 모든 주의 자녀들이 한 마음과 뜻으로 주를 경배하게 하시며 주님의 거룩한 이름을 선포하게 하옵소서.

모든 나라와 족속 가운데 영광을 받으시기 합당하신 하나님 아버지! 아버지의 사랑을 전 세계의 모든 민족이 알게 하여 주시고, 예수 그리스도의 이름 앞에 무릎을 꿇고 나오게 하옵소서. 아직도 하나님 아버지를 모르는 모든 족속과 방언 가운데 주의 말씀을 선포하여 주시고 주의 성령으로 역사하여 주시옵소서.

각 나라에서 눈물로 복음의 씨를 뿌리고 있는 모든 선교사들이 기쁨으로 단을 거둘 그날이 이를 때까지 지치지 않도록 날마다 새 힘을 더하여 주옵시고, 필요한 모든 것을 여러 모양으로 채워 주시옵소서.

우리들 또한 예수님의 지상명령을 날마다 기억하며 땅 끝까지, 예수님의 복음이 선포되는 그날까지 날마다 중보할 수 있도록 아버지의 마음을 부어 주시옵소서. 또한 하나님 아버지의 사랑으로 이웃을 돌아보게 하옵시고 기꺼이 베풀 수 있는 넉넉한 마음과 여건을 허락하여 주시옵소서.

이 나라와 이 땅을 긍휼히 여겨주시고 주의 주권과 은혜로 다스려 주시옵소서. 정치권에는 주를 경외하는 마음으로 나라를 이끌어 가는 신실한 사람들을 세워 주옵시고, 주께서 피로 사서 세운 교회들에는 성령을 물붓듯 부어 주셔서 부흥케 하옵소서.

사랑과 은혜가 풍성하신 하나님 아버지!

이 시간 나아온 모든 주의 자녀들 위에 아버지의 성령으로 충만케 하시고 각 사람의 필요에 따라 응답하여 주시옵소서. 위로가 필요한 심령 위에 하나님의 온전한 평강을 더하시고, 지쳐 있는 성도에게는 주의 생기와 생령으로 새 힘을 부어 주시고, 질병으로 고통받는 형제·자매들에게는 주의 치유하심으로 함께하여 주옵소서. 또한 생활이 어려운 가운데 있는 자녀들에게는 필요한 것으로 채워 주실 뿐 아니라 어떠한 모양으로든 주께 간구하는 것들을 주의 뜻 가운데서 응답하여 주실 것을 믿습니다.

하오나 주님, 지금 이 시간만큼은 이 모든 것을 주의 앞에 내려놓고 평강 가운데 주의 얼굴을 뵙기를 원합니다. 주의 존전에서 주의 아름다움을 찬양하며 하나님 아버지를 기뻐하기를 원합니다. 주님을 찬양할 수 있는 마음과 입술을 허락하여 주셨으니 감사를 드리며 주의 존전에서 주께 신령과 진정으로 예배드릴 수 있도록 우리의 마음을 정케 하여 주시옵소서.

주의 달고 오묘한 말씀을 통해 우리의 심령을 새롭게 하여 주시옵소서. 말씀을 대언할 목사님에게 주의 성령으로 함께하셔서 주께서 주신 말씀을 능력 가운데 잘 전할 수 있게 하여 주옵소서.

감사와 찬양과 경배를 드리오며 이 예배 가운데 홀로 영광을 받으시옵소서. 예수님의 귀하신 이름 받들어 기도하옵나이다. 아멘.

나는 의로운 중에 주의 얼굴을 보리니 깰 때에 주의 형상으로
만족하리이다(시편 17:15).

온 천지 가운데 살아계시고 역사하시는 하나님 아버지!

감사와 찬양을 홀로 받으시옵소서. 주님의 영광이 온 하늘과 온 땅
가운데 높으시며 찬양받으시기에 합당하나이다. 그 영광의 하나님을
송축하오며 아침에 깰 때에 주의 얼굴을 뵈오니 그 형상으로 만족하
오며(시편 17:15), 날마다 새 노래로 주께 나아가길 원하나이다.

이 시간 주님 존전에서 주께 예배드리며 주를 기뻐하는 모든 주의
자녀들에게 주의 성령으로 함께하옵시고 예수 그리스도의 은혜에 힘
입어 주의 지성소로 나아가 하나님의 얼굴을 뵙게 하여 주시옵소서.

각 사람이 진심으로 드리는 회개를 받아주시고 예수 그리스도의
보혈로 씻어 주셔서 우리의 죄를 사하여 주시고, 우리에게 죄 지은 자
를 용납하게 하여 주옵소서.

주님, 세상 누구도 용서할 수 없는 죄를 지은 저희를 용서하신 주님
을 날마다 기억하게 하여 주옵소서. 그리하여 내가 주 앞에서 가장 낮
아짐으로써 다른 사람들을 있는 그대로 이해하고 용납하게 하여 주시
옵소서. 주께서는 교만한 자를 멀리하시며 겸손한 자를 가까이 하시
고 그의 기도를 들으시기 때문입니다.

사랑과 은혜의 근원이신 하나님 아버지!

그 귀한 사랑을 힘입어 이 나라를 위해 기도하나이다. 이 나라를 긍

휼히 여겨 주셔서 우상을 섬기고 돈을 사랑하며 교만과 탐욕으로 관영할 뿐 아니라 너무나 나약하여서 조그마한 어려움에도 쉽게 목숨을 내버리는 이 땅의 풍조 가운데 회개의 물결이 일어나게 하옵소서.

또한 자신의 목숨을 귀히 여기는 마음을 허락해 주시고, 어려움 가운데서도 절망하지 않고 살아가는 강건함을 더하여 주시되, 손으로 수고한 만큼 거둘 수 있도록 축복하여 주시옵소서.

이 땅의 청년들로 하여금 하나님을 믿지 않는 세상의 풍조에 흔들리지 않게 하옵시고, 주어진 환경과 여건 가운데서도 굴하지 않고 주님을 믿어 기적을 이루게 하여 주시옵소서.

자라나는 우리의 아이들이 불신으로 가득찬 세상의 문화에 물들지 않게 하시고, 충성스럽고 진실된 하나님의 자녀들로 자랄 수 있는 환경을 열어 주옵시며 어릴 때부터 주를 찬양하고 기뻐하게 하여 주시옵소서.

또한 가장 힘든 시기를 보내고 있는 중고등부 아이들을 기억하여 주셔서 사춘기를 인생에 대해서 다시 생각하고 조명하는 시기로 삼아 주님 안에서 살아가는 일이 무엇보다 값진 삶임을 깨닫게 하옵소서. 주님 안에서 삭사의 개성과 특성을 잘 발견하게 하시고, 있는 그대로의 모습으로 주께 나아오며 그 자리에서 예배드리는 기쁨을 알게 하시고 평생 누리도록 하여 주시옵소서.

위로의 하나님 아버지!

이 시간 나아와 예배드리는 모든 이들에게 주의 주를 만나는 기쁨을 허락하셔서 감격하게 하시고 온전히 헌신하게 하사 주님만 영광을 받으시옵소서. 감사와 찬양을 드리며 예수 그리스도의 거룩한 이름으로 기도드리옵나이다. 아멘.

여호와는 나의 빛이요 나의 구원이시니 내가 누구를 두려워하
리요 여호와는 내 생명의 능력이시니 내가 누구를 무서워하리요
(시편 27:1).

우리의 빛이 되시며 구원의 반석되신 하나님 아버지!

주님께서 우리의 빛이시므로 우리가 두려워 할 것이 없으며 여호
와 하나님이 우리 생명의 능력이시므로 우리가 무서워할 것이 없나이
다(시편 27:1). 홀로 찬양과 경배를 받으시옵소서.

세상 모든 민족과 나라 가운데서 영광과 존귀를 받으시기에 합당
하신 하나님 아버지!

주의 주권을 세계 가운데 선포하시고, 하나님의 하나님 되심을 나
타내시며 그 이름이 온 땅 가운데서 높임을 받으시옵소서.

이 시간 주의 이름으로 나온 주의 자녀들에게 성령으로 함께하셔
서 주께 신령과 진정으로 예배드릴 때 예배드림이 기쁨되게 하여 주
옵소서.

주를 찬양함이 저희의 위로가 되게 하옵시고 주께 기도함이 저희
의 새 힘이 되게 하옵시며 주의 얼굴을 뵙는 기쁨이 충만하여 저희의
심령이 새로워지는 역사가 일어나게 하옵소서.

주님의 귀한 뜻이 하늘에서 이룬 것같이 땅에서도 이루어져 모든
나라와 족속과 열방 가운데서 주를 경외하며 찬양하는 역사가 일어나
게 하시고, 예수 그리스도의 복음이 온전히 선포되는 역사가 일어나

게 하옵소서.

이를 위해 전 세계 각처에서 여러 모양으로 선교하는 하나님의 신실한 종들을 기억하여 주시옵소서. 그들이 있는 곳에서 눈물로 드리는 기도를 응답하여 주옵시고, 날마다 주께서 주시는 생수와 생기로 충만하게 하시며, 힘들고 지칠 때 주께 예배드리는 기쁨으로 새로운 힘을 얻게 하여 주시옵소서.

무엇보다 그 선 곳에서 충성을 다할 때 그 땅의 백성들이 주의 품으로 돌아오게 하옵시고, 땅 끝까지 주의 복음이 선포되는 하나님의 역사를 통해 예수 그리스도의 다시 오실 길이 예비되게 하옵소서.

이 나라 이 땅으로 하여금, 복음을 먼저 받은 자로서의 빚진 마음을 잃지 않게 하사 선교에 대한 열정이 불일 듯 일어나게 하옵시고, 동일한 마음으로 가난한 이웃과 도움이 필요한 사람들에게 사랑으로 베풀 수 있도록 축복하여 주시옵소서.

오늘 주의 거룩한 존전에서 예배드리는 한 사람 한 사람을 주의 자비로 채워 주셔서 몸과 영혼이 온전히 주를 바라보게 하옵시고, 새 힘을 얻는 시간이 되도록 축복하여 주시옵소서.

수의 귀한 말씀이 선포될 때에, 그 말씀으로 인하여 우리의 심령과 골수가 쪼개지게 하시고 깊이 새겨져 참 영의 삶을 살게 하옵소서.

이 예배 가운데 주께서 홀로 영광을 받으시고 찬양을 받으시옵소서. 주의 주권과 권능이 언제나 우리 안에 충만함을 감사드리며, 이 모든 말씀을 심판의 주로 다시 오실 예수 그리스도의 이름으로 기도하옵나이다. 아멘.

능히 너희를 보호하사 거침이 없게 하시고 너희로 그 영광 앞에 흠이 없이 즐거움으로 서게 하실 자 곧 우리 구주 홀로 하나이신 하나님께 우리 주 예수 그리스도로 말미암아 영광과 위엄과 권력과 권세가 만고 전부터 이제와 세세에 있을찌어다 아멘(유다서 24-25).

사랑과 은혜가 풍성하신 하나님! 우리 찬양 가운데 거하시는 하나님 아버지!

아버지께 감사와 찬송을 드립니다. 온 우주 만물 가운데 오직 하나님만이 영광을 받으시기에 합당하시며 마땅히 존귀를 받으실 분이십니다. 경배를 받으시옵소서. 온 하늘이 주의 이름을 찬양하길 원하오며 온 땅이 즐거이 노래하며 주의 이름을 부르기를 원하옵니다.

오늘 모든 나라와 족속 가운데서 주의 존전에 모여 아버지께 예배하는 모든 이에게 주의 자비와 은혜가 충만하며 예배드리는 기쁨을 누리게 하옵소서.

지성소에서 주의 보좌 앞에 서게 하시며 아버지의 존귀한 얼굴을 뵙게 하여 주옵소서.

모인 사람들이 어떤 환경에 처해 있든, 여하한 고통 가운데 있거나 또는 즐거움 가운데 있든, 지금 이 시간은 주를 만나는 기쁨만을 누리게 하옵소서. 주를 찬양하는 즐거움을 누리도록 축복하여 주옵소서.

하나님 아버지의 임재 가운데서 주를 만나며 주의 얼굴을 보는 것이 세상 그 어떤 것보다도 즐거움과 기쁨임을 고백하게 하여 주옵소서. 주께서 한 영혼 한 영혼을 얼마나 큰 사랑으로 사랑하시는지 알게 하옵시고, 그 사랑이 세상의 그 어떤 시련과 어려움도 넉넉히 이길 수 있는 힘이 됨을 깨닫게 하옵소서.

참으로 주만이 환난날에 도움이시며 피할 바위가 되시며 우리의 피난처가 되시는 분임을 고백하오니 각 사람에게 충만한 성령으로 임재하여 주시옵소서.

오늘도 각 나라와 족속과 방언 가운데서 사역하시는 선교사들을 기억하여 주옵시고, 그 하는 사역 가운데 주께서 함께하시며 골방에서 눈물로 드리는 기도에 응답하여 주시옵소서.

또한 세계 각처에서 고통받는 하나님의 자녀들을 기억하여 주옵시고, 생생하게 동행하시는 주님으로 말미암아 오늘도 새 힘을 얻게 하옵소서.

그리고 이 나라와 이 백성을 불쌍히 여겨주시며 날이 갈수록 악해져 가는 사회 풍토 속에서 빛과 소금이 되어야 할 아버지의 자녀들을 강건케 하옵소서. 손해보는 것을 두려워 말게 하시고 캄캄한 어둠 가운데 헤매는 많은 사람들에게 하나님의 빛을, 성령님의 생기를, 예수님의 사랑을 전할 수 있도록 믿음과 용기를 더하여 주시옵소서.

그리하여 능히 우리를 보호하사 거침이 없게 하시고 우리로 하여금 아버지의 영광 앞에 흠이 없이 즐거움으로 설 그날에 이르기까지 예수 그리스도로 말미암아 하나님 아버지께 영광을 드리게(유다서 24-25) 하옵소서.

오늘 이 예배 가운데서도 하나님만이 영광을 받으시길 원하오며 성령님의 감화감동으로 달고 오묘한 말씀을 내려 주시옵소서.

감사드리오며 예수님의 귀하신 이름 받들어 기도하옵나이다. 아멘.

그는 흥하여야 하겠고 나는 쇠하여야 하리라 하니라(요한복음 3:30).

우리를 사랑하사 그의 피로 우리 죄에서 우리를 해방하시고 그 아버지 하나님을 위하여 우리를 나라와 제사장으로 삼으신 그에게 영광과 능력이 세세토록 있기를 원하노라 아멘(요한계시록 1:5-6).

그가 외쳐 내게 일러 가로되 북방으로 나간 자들이 북방에서 내 마음을 시원케 하였느니라 하더라(스가랴6:8).

주께서 가라사대 지혜 있고 진실한 청지기가 되어 주인에게 그 집 종들을 맡아 때를 따라 양식을 나누어 줄 자가 누구냐(누가복음 12:42).

근신하라 깨어라 너희 대적 마귀가 우는 사자 같이 두루 다니며 삼킬 자를 찾나니 너희는 믿음을 굳게 하여 저를 대적하라(베드로전서 5:8-9).

나의 가는 길을 오직 그가 아시나니 그가 나를 단련하신 후에는 내가 정금같이 나오리라(욥기 23:10).

온 세상의 주인되시며 인생을 인도하시는 참 좋으신 하나님 아버지! 아버지의 이름이 온 땅 위에 선포되기를 간구하옵니다. 모든 나라와 족속이 여호와 하나님의 이름을 알며 예수께서 구주가 되심을 알게 하시고 전 세계 오대양 육대주 가운데 하나님이 살아계시고 역사하시는 분이심을 선포하게 하옵소서.

주님의 시온산이 모든 산 위에 높임을 받게 하시고 주의 거룩하심을 나타내시며 다시 오실 예수 그리스도의 길을 예비하게 하여 주옵소서. "예수님은 흥하여야 하겠고 나는 쇠하여야 하리라"(요한복음 3:30)는 겸손한 마음으로 예수님의 길을 예비하였던 세례 요한과 같은 하나님의 백성들이 일어나 전 세계 가운데서 예수님의 다시 오실 길을 예비하는 역사가 일어나게 하여 주옵소서. 참으로 우리를 사랑하사 그의 피로 우리를 우리 죄에서 해방하신 예수님께서 아버지 하나님을 위하여 우리를 나라와 제사장으로 삼으셨으니 주님께 영광과 능력이 세세토록 있기를 간구하옵나이다(요한계시록 1:5-6).

영광과 존귀를 받으시기 합당하신 하나님 아버지!

하나님의 마음을 알아 아버지의 마음으로 기도하며 아버지의 마음을 시원케 할(스가랴 6:8) 주의 자녀들이 일어나게 하시며, 때에 따라 양식을 나누어 줄 지혜 있고 진실한 청지기들(누가복음 12:42)이 일어나게 하옵소서.

이 세상은 날이 갈수록 악해지고 우리의 대적 마귀가 우는 사자같이 두루 다니며 삼킬 자를 찾는 이때에 믿음을 굳게 하여 저를 대적할 하나님의 신실한 제자들이 근신하고 깨어나게 하여 주시옵소서(베드로전서 5:8-9).

하오나 주님! 어려움을 당하여 고통받는 주의 자녀들을 기억하셔서 그들에게 예수님의 생수와 생기를 공급하여 주실 뿐만 아니라 강건함을 더하여 주셔서 주께서 주신 힘과 능력으로 넉넉히 이길 수 있게 하여 주옵소서.

주님께서 우리의 가는 길을 아시는 분이시며 주님께서 우리를 단련하신 후에는 우리가 정금같이 나올 것(욥기 23:10)을 믿사옵나이다. 주께서 이를 통해 영광과 찬양을 받으시옵소서.

거룩하신 하나님 아버지! 오늘 이 예배 가운데서 홀로 영광과 존귀를 받으시오며, 목사님을 통해 받은 말씀으로 우리 각 사람이 새롭게 되어 주님의 나라를 위해 전진하는 군병되게 하옵소서.

각 모양으로 이 예배를 섬기는 성도들을 기억하여 주옵시고 그들의 수고를 주님께서 갚아 주옵소서. 감사를 드리며 예수님의 귀하신 이름 받들어 기도하옵나이다. 아멘.

우리 주 하나님이여 영광과 존귀와 능력을 받으시는 것이 합당하오니 주께서 만물을 지으신지라 만물이 주의 뜻대로 있었고 또 지으심을 받았나이다 하더라(요한계시록 4:11).

비록 무화과나무가 무성치 못하며 포도나무에 열매가 없으며 감람나무에 소출이 없으며 밭에 식물이 없으며 외양간에 소가 없을찌라도 나는 여호와를 인하여 즐거워하며 나는 구원의 하나님을 인하여 기뻐하리로다 주 여호와는 나의 힘이시라 나의 발을 사슴과 같게 하사 나로 나의 높은 곳에 다니게 하시리로다(하박국 3:17-19).

하나님은 우리를 긍휼히 여기사 복을 주시고 그 얼굴 빛으로 우리에게 비취사 주의 도를 땅 위에, 주의 구원을 만방 중에 알리소서 하나님이여 민족들로 주를 찬송케 하시며 모든 민족으로 주를 찬송케 하소서(시편 67:1-3).

은혜와 평강이 넘치시는 주 하나님! 우리의 찬양 가운데 임재하시는 하나님! 우리가 주님의 이름으로 모일 때마다 함께하시는 하나님!

찬양과 영광과 존귀를 받으시옵소서. 주께서 만물을 주의 뜻대로 지으시고 있게 하셨으니 우리 주 하나님이시여! 영광과 존귀와 능력을 받으시는 것이 합당하나이다(요한계시록 4:11).

이 시간 주님 앞에 나온 우리 모두에게 주의 풍성한 은혜와 평강으로 함께 하옵시고 각 사람을 어루만져 주셔서 한 마음으로 주님께 예배드리게 하여 주시옵소서.

세상을 살아가기가 쉽지 않은 이때에 주님! 하박국 선지자의 고백과 같이 무화과나무가 무성치 못하며 포도나무에 열매가 없고 외양간에 소가 없을지라도 저희가 주님으로 인해 기뻐할 수 있도록 은혜를 내려 주옵소서. 오직 여호와를 인하여 즐거워하며, 구원의 하나님께서 저희를 사슴과 같게 하사 높은 곳, 승리의 곳으로 다니게 하실 것을 믿고 새 힘을 얻게 하옵소서. 그리하여 이 시간 주님께 온 마음으로 예배드리는 기쁨을 누리게 하옵소서.

하나님 아버지께서 우리를 긍휼히 여겨 복을 주시고, 주님의 얼굴 빛으로 우리에게 비취사 주의 도를 땅 위에, 주의 구원을 만방 중에 알게 하사 모든 민족들로 주를 찬송하게 하옵소서(시편 67:1-3). 그리하여 온 하늘이 주의 이름을 찬양하며 온 땅이 주의 이름을 높이게 하여 주옵소서. 주의 거룩함이 저희의 능력과 힘이 되는 것을 고백하나이다. 주여 영광을 받으시옵소서.

이 순간에도 모든 족속과 나라와 방언 가운데서 사역하시는 선교사들을 기억하여 주옵시고, 그들이 눈물로 드리는 기도에 귀 기울이시사 응답하여 주옵소서. 특별히 생사를 넘나드는 어려움 가운데서 오직 믿음으로 전진하는 선교사들을 눈동자와 같이 보호하여 주옵시고 그들을 해치려는 모든 악한 자들의 눈으로부터 숨겨 주시옵소서. 영육간에 건강을 더하여 주옵시고 그들의 자녀에게 넘치는 복으로 함께 하옵소서.

오늘 말씀을 전하실 목사님에게 주의 성령으로 함께하셔서 송이꿀보다 더 달고 오묘한 주의 말씀을 저희에게 먹여 주시옵소서. 우리 심령을 쪼개어 주시어 가슴을 찢으며 통회하며 자복하는 마음을 주옵시고 주님의 마음을 품게 하옵소서.

매순간 주님과 동행하는 즐거움을 저희 가운데 허락하여 주실 것을 믿사오며 주님으로 인해 얼마나 기쁘고 행복한지 늘 고백하는 저희들이 될 수 있도록 은혜를 더하여 주시옵소서.

또한 이름도 없이 빛도 없이 일하는 주의 자녀들에게 주님께서 아신다는 것을 보여 주옵시고 복을 내려 주시기를 바랍니다.

감사와 찬양과 영광을 오직 주님 홀로 받으시오며 이 모든 말씀을 다시 오실 예수 그리스도의 거룩한 이름 받들어 기도하옵나이다. 아멘.

2) 주일 오후 예배

 **주일 오후 예배 대표기도 1**

나의 반석이시요 나의 구속자이신 여호와여 내 입의 말과 마음의 묵상이 주의 앞에 열납되기를 원하나이다(시편 19:14).

나를 또 넓은 곳으로 인도하시고 나를 기뻐하심으로 구원하셨도다 여호와께서 내 의를 따라 상 주시며 내 손의 깨끗함을 좇아 갚으셨으니(시편 18:19-20).

자비한 자에게는 주의 자비하심을 나타내시며 완전한 자에게는 주의 완전하심을 보이시며 깨끗한 자에게는 주의 깨끗하심을 보이시며 사특한 자에게는 주의 거스리심을 보이시리니(시편 18:25-26).

내가 주를 의뢰하고 적군에 달리며 내 하나님을 의지하고 담을 뛰어 넘나이다 하나님의 도는 완전하고 여호와의 말씀은 정미하니 저는 자기에게 피하는 모든 자의 방패시로다 여호와 외에 누가 하나님이며 우리 하나님 외에 누가 반석이뇨(시편 18:29-31).

우리의 예배 가운데 영광을 받으시기에 합당하신 하나님 아버지께 찬양을 드립니다.

우리의 반석 되시며 구속자이신 하나님!

이 시간 우리 입의 모든 말과 마음의 묵상이 주께 열납 되기를 간구하나이다(시편 19:14). 모든 찬양이 주께만 속하였으니 주의 얼굴을 주의 종들에게 비취시고 주의 인자하심으로 주의 종들을 선대하여 주시기를 간구하옵니다.

구원의 능으로 저희와 함께하시면 저희가 고난 중에서라도 주의 얼굴을 보고 기뻐하며 넉넉히 이길 수 있사오니 주의 얼굴 빛을 날마다 볼 수 있도록 우리의 영을 새롭게 하여 주시옵소서.

우리가 환난 중에 주께 부르짖을 때 주께서 그 전에서 기도를 들으시고 응답하여 주실 것을 믿사오니 저희의 입술을 열어 주께 기도하게 하옵소서. 저희를 넓은 곳으로 인도하시고 저희를 기뻐하심으로 구원하여 주옵시며 우리의 의를 따라 상 주는 분이심을 믿사오니 날마다의 삶속에서 승리의 개가를 불러 주님께 영광을 돌리게 하옵소서(시편 18:19-20).

자비한 자에게는 주의 자비하심을 나타내시며 완전한 자에게는 주의 완전하심을 보이시며 깨끗한 자에게는 주의 깨끗하심을 보이시며 사특한 자에게는 주의 거스리심을 보이신다고 말씀하셨으니(시편 18:25-26), 과연 그 말씀이 저희 가운데 이루어지기를 간구하옵니다. 주께서 등불을 켜 흑암을 밝히시니 우리가 주를 의뢰하고 적군에 달리며 하나님을 의지하고 용감히 나가니 어두운 세상을 밝히는 주님의 빛이 되게 하옵소서(시편 18:29).

오직 하나님의 도는 완전하고 그 말씀은 정미하므로 하나님께 피하는 모든 자에게 방패가 되는 분이심을 믿습니다. 하나님만 오직 저

희의 하나님이시며 주만 우리의 반석되시는 분(시편 18:30-31)이심
을 고백하며 여호와께 찬송과 감사를 드립니다.

오늘 예배 가운데 주의 이름이 높임을 받으시기를 간구하오며 예
수 그리스도의 이름으로 기도드리옵나이다. 아멘.

땅과 거기 충만한 것과 세계와 그 중에 거하는 자가 다 여호와의 것이로다 여호와께서 그 터를 바다 위에 세우심이여 강들 위에 건설하셨도다 여호와의 산에 오를 자 누구며 그 거룩한 곳에 설 자가 누군고 곧 손이 깨끗하며 마음이 청결하며 뜻을 허탄한데 두지 아니하며 거짓 맹세치 아니하는 자로다 저는 여호와께 복을 받고 구원의 하나님께 의를 얻으리니 이는 여호와를 찾는 족속이요 야곱의 하나님의 얼굴을 구하는 자로다(셀라) 문들아 너희 머리를 들지어다 영원한 문들아 들릴지어다 영광의 왕이 들어 가시리로다(시편 24:1-7).

영광과 존귀의 하나님 아버지!

땅과 그곳에 충만한 것과 세계와 그 중에 거하는 자가 다 하나님께 속하였으니 주께서 영광을 받으시옵소서. 여호와의 산에 올라 그 거룩한 곳에 설 자가 누구오리이까? 곧 주께서 말씀하시길, 손이 깨끗하며 마음이 청결하며 뜻을 허탄한 데 두지 아니하며 거짓 맹세치 않는 자이고, 그러한 사람은 하나님께 복을 받고 의를 얻는다고 하셨습니다. 저희를 주의 전에 설 자로 세우셨으니 하나님이 기뻐 받으시는 예배를 드리도록 저희를 정결케 하여 주시옵소서.

이 시간 세상의 모든 문들이 영광의 왕이 들어가시도록 머리를 들게 하옵시고, 오직 만군의 하나님께서 그 문으로 출입하여 찬양과 경배를 받으시길 간구합니다(시편 24:1-7).

　오늘 저희가 주의 앞에 서서 예배하기 원하옵니다. 허탄한 생각들과 걱정거리를 다 내려놓고 주의 존전에 서길 원하오니 마음을 정하게 하여 주시옵소서. 주님만이 영광을 받으시는 귀한 시간이 되며 성령의 임재 가운데 시와 찬미로 화답하게 하시고 거룩한 산제사로 저희 몸을 구별하여 주께 드리게 하여 주시옵소서.

　알파와 오메가 되시는 예수님을 깊이 느끼고 만지는 시간이 되도록 저희 영을 새롭게 하여 주시길 간절히 기도드립니다.

　살아서 역사하시는 하나님 아버지, 주님께서 함께하는 기쁨이 저희 가운데 충만함을 인해 감사드립니다. 홀로 찬양받으시는 귀한 예배가 되기를 간구하오며 예수님의 귀하신 이름 받들어 기도드리옵나이다. 아멘.

할렐루야 새 노래로 여호와께 노래하며 성도의 회중에서 찬양할지어다 이스라엘은 자기를 지으신 자로 인하여 즐거워하며 시온의 주민은 저희의 왕으로 인하여 즐거워할지어다 춤추며 그의 이름을 찬양하며 소고와 수금으로 그를 찬양할지어다 여호와께서는 자기 백성을 기뻐하시며 겸손한 자를 구원으로 아름답게 하심이로다 성도들은 영광 중에 즐거워하며 저희 침상에서 기쁨으로 노래할지어다(시편 149:1-5).

호흡이 있는 자마다 여호와를 찬양할지어다 할렐루야(시편 150:6).

할렐루야! 찬양과 영광을 받으시기 합당하신 하나님 아버지!

하루가 저물어가는 이시간, 신령과 진정으로 주님께 나아가오니 주님 홀로 영광을 받으시고 아버지만이 찬송을 받으시옵소서. 새 노래로 아버지께 노래하며 회중에서 찬양하길 원합니다. 아버지께서 저희를 지으시고 저희로 인해 기뻐하시니 저희가 춤추며 소고와 수금으로 주를 찬양하나이다. 오늘 거룩한 주의 날에 주의 영광 중에 성도들이 즐거워하며 기쁨으로 노래하는 예배를 드릴 수 있도록 함께하여 주시옵소서(시편 149:1-5).

주의 주권이 온 하늘과 온 땅 가운데 선포되었사오니 주님의 크고 광대하심으로 인해 세계가 놀라며 주의 자녀들이 기쁨 가운데 주의

복된 소식을 전하게 하여 주시옵소서. 그리하여 세계 모든 나라와 족
속과 방언 가운데서 호흡이 있는 자마다 여호와를 찬양하게 하시고
(시편 150:6) 주의 광대하심을 노래하게 하옵소서.

　주의 거룩한 말씀으로 먹여 주시되 저희의 마음을 온전히 새롭게
변화시켜 주서서 주님만 사랑하며 아버지만 향하도록 은혜를 내려 주
옵소서. 주의 귀한 말씀을 사모하오며 예수님의 귀하신 이름으로 기
도하옵나이다. 아멘.

우리 하나님이여 이제 우리가 주께 감사하오며 주의 영화로운 이름을 찬양하나이다 (역대상 29:13).

찬양받으시기에 합당하신 하나님, 주의 이름을 높여 드립니다.

오늘도 거룩한 주일을 맞이하여 아침부터 지금 이 시간까지 주 앞에 나와 예배드릴 수 있도록 인도하여 주시니 감사드립니다. 이 예배를 통해 저희 영이 회복되고 새로운 힘을 얻는 시간이 되게 하여 주시옵소서.

자비와 긍휼이 무한하신 하나님 아버지, 날마다 주께 온전한 충성과 봉사를 하지 못하고 제 뜻대로 보내다 이곳에 와서야 자신을 돌아보는 완악함을 용서하옵소서. 저희 안에 있는 더러운 죄악을 보혈의 공로로 씻어 주시고 찬양의 영을 회복시키시옵소서.

내 이름으로 일컫는 내 백성이 그 악한 길에서 떠나 스스로 겸비하고 기도하여 내 얼굴을 구하면 내가 하늘에서 듣고 그 죄를 사하고 그 땅을 고칠지라(역대하 7:14)고 말씀하셨사오니 회개하는 저희 마음을 보시고 죄를 사하시며 이 땅을 고쳐 주시옵소서. 저희 안에 이 민족과 세계를 향한 기도가 끊이지 않게 하시고, 열방이 하나님의 통치하심과 주관하심을 인정하게 하옵소서.

무너진 가정과 교회와 사회가 회복되며 고통 중에 신음하는 이웃들을 향한 사랑의 나눔과 돌봄이 새롭게 일어나도록 역사하옵소서.

주님, 저희가 드리는 예배가 형식에 치우치지 않고 주님 보시기에 합당한 예배가 되게 하옵소서. 이 시간 목사님에게 지혜와 지식과 능력과 권세를 허락하여 주사 말씀을 전하시는 데 부족함이 없도록 인도하옵소서. 주의 말씀을 통하여 온 성도가 진리를 깨닫고 은혜받는 시간이 되게 하옵소서.

이 시간 예배하는 한 영혼 한 영혼을 주께서 깊이 만나 주시고, 저희가 드리는 예배와 찬양을 주께서 기뻐 받으시고 향기로운 제사로 흠향하여 주시옵소서.

이 시간을 통하여 저희들의 마음이 정해지게 하시고 하나님의 사랑을 이웃에게 전하는 선한 사마리아인의 삶을 살도록 인도하여 주시옵소서. 저희가 날마다 기도하며 찬양하며 말씀을 증거하는 삶을 살기를 원합니다. 이 예배의 시종을 주께 맡기오며 찬송받기에 합당하신 예수 그리스도의 이름으로 기도하옵나이다. 아멘.

말씀으로 여는 대표기도문 | **내가 쓰는 대표기도**

온 땅이여 여호와께 즐거이 부를지어다 기쁨으로 여호와를 섬기며 노래하면서 그 앞에 나아갈지어다 …… 감사함으로 그 문에 들어가며 찬송함으로 그 궁정에 들어가서 그에게 감사하며 그 이름을 송축할지어다 (시편 100:1-2,4).

온 역사의 주인되시며 그 영광이 온 땅 가운데 충만하신 하나님 아버지!

감사와 존귀와 찬양을 드립니다. 주의 영광이 온 하늘 위에 높이 들리시며 모든 천군과 천사들뿐만 아니라 하늘과 땅과 그 위에 충만한 모든 것이 주의 이름을 찬양하며 새 노래로 주의 이름을 높이게 하옵소서.

거룩한 주일 새벽부터 이 시간까지 온전히 주일을 성수하며 예배 드릴 수 있도록 인도하심을 감사드립니다. 마지막 때에 예배하는 자들을 찾으신다고 말씀하셨으니 주께 예배 드리는 데 열심을 다하는 경건한 심령이 되게 하옵소서. 모이기에 힘쓰며 예배 드리는 시간이 기다려지고 이 안에서 온전한 회복과 충전이 이뤄지게 하옵시며 주께서 기뻐 받으시는 시간이 되게 하옵소서.

살아 역사하시는 주님! 이 나라와 교회를 다시금 회복시켜 부흥하게 하옵시고 새로운 변화를 주시옵소서. 이 민족으로 하여금 이 땅에 만연하는 음란과 방탕함, 물질만능주의와 이기심에서 떠나게 하옵소서. 이 민족이 지도자로부터 어린아이에 이르기까지 하나님을 찬양하고 경배하게 하옵시며 하나님을 온전히 경외하는 민족이 되기를 원하옵나이다.

주여 우리를 하나님의 자녀 삼아 주셨사오니 주의 뜻대로 살게 하옵소서. 삶 속에서 고통과 어려움, 아픔이 찾아온다 할지라도 믿음으로 이겨내게 하옵시고, 언제나 우리를 부르신 부름에 합당하게 살게 하옵소서.

사랑과 은혜의 하나님!

오늘도 하나님께 예배드리는 성도들에게 말씀의 은혜를 주시옵소서. 한 귀로 듣고 한 귀로 흘리는 것이 아니라 주님의 말씀을 가슴 깊이 새겨, 진정 아버지의 뜻대로 사는 가운데 그리스도의 향기를 내며 살게 하옵소서. 저희 힘으로는 할 수 없사오나 주께서 함께하시면 능치 못할 일이 없사오니 예수 그리스도의 이름을 가지고 복음과 사랑으로 나아가게 하옵소서.

긍휼과 위로의 하나님 아버지!

이 시간 나아와 예배드리는 모든 이들에게 주를 만나는 기쁨을 허락하시고 주님만 영광을 받으시옵소서.

감사와 찬양을 드리며 예수 그리스도의 거룩한 이름으로 기도드리옵나이다. 아멘.

3) 수요예배

 **수요예배 대표기도 1**

땅의 모든 끝이 여호와를 기억하고 돌아오며 열방의 모든 끝
이 여호와를 기억하고 돌아오며 열방의 모든 족속이 주의 앞에
경배하리니(시편 22:27).

비록 무화과 나무가 무성치 못하며 포도나무에 열매가 없으며
감람나무에 소출이 없으며 밭에 식물이 없으며 우리에 양이 없
으며 외양간에 소가 없을찌라도 나는 여호와를 인하여 즐거워하
며 나의 구원의 하나님을 인하여 기뻐하리로다(하박국 3:17-18).

거룩하시고 자비로우신 하나님 아버지!

찬양과 경배를 받으시옵소서. 주의 이름은 온 하늘과 온 땅 가운데
높임을 받으시기에 합당하옵나이다. 그러므로 땅의 모든 끝이 하나님
을 기억하고 돌아오며 열방의 모든 족속이 주의 앞에 경배(시편
22:27)하게 하옵소서.

이 시간 예배 중에 저희의 곤고를 멸시하거나 싫어하지 않으시는
하나님의 얼굴을 보게 하옵소서. 깊은 예배 가운데 나아가도록 저희
의 마음을 하나로 합하여 주시고 왕의 지성소에서 주께 찬양 드리게

하옵소서.

우리 속에 세상의 어떤 것으로도 채울 수 없는 주님의 자리를 두셨으니 그 자리를 이 시간 충만히 채워 주시고 주님 한 분만으로 만족하는 복된 예배가 되게 하옵소서.

비록 무화과 잎이 무성치 못하며 포도나무에 열매가 없으며 감람나무에 소출이 없으며 밭에 식물이 없으며 우리에 양이 없으며 외양간에 소가 없을지라도 여호와로 인해 즐거워하며 구원의 하나님을 인해 기뻐했던(하박국 3:17-18) 하박국 선지자의 고백을 저희도 드리게 하옵소서.

주 여호와 하나님만이 우리의 힘이시며 반석이 되심을 고백드립니다. 세상의 그 어떤 것도 이 시간의 평안을 빼앗아가지 못할 것은 주께서 저희의 하나님 아버지가 되시기 때문입니다.

주님 앞에 찬양과 감사로 나가는 시간되길 소원하오며 예수님의 귀하신 이름 받들어 기도하옵나이다. 아멘.

우리가 사방으로 우겨쌈을 당하여도 싸이지 아니하며 답답한 일을 당하여도 낙심하지 아니하며 핍박을 받아도 버린바 되지 아니하며 거꾸러뜨림을 당하여도 망하지 아니하고 우리가 항상 예수 죽인 것을 몸에 짊어짐은 예수의 생명도 우리 몸에 나타나게 하려 함이라(고린도후서 4:8-10).

온 하늘과 온 땅에 인자와 성실로 충만하신 하나님 아버지, 주의 영광이 참으로 크고 놀라우시니 홀로 경배를 받으시옵소서.

오늘 수요일, 한 주일의 중간에 다시 모여 주님께 예배드릴 수 있도록 건강과 시간을 허락해 주심을 감사드립니다. 우리가 마음 모아 주님께 나아갈 때 주의 성령으로 임재하여 주시고, 찬양할 때에 저희의 마음을 열어주사 살아계신 하나님께서 친히 하시는 말씀을 듣게 하옵소서.

위로가 필요한 사람에게는 주의 자비하심으로 격려해 주시고, 어려움 가운데 있는 사람에게는 주께서 새 힘을 공급하여 주셔서 넉넉히 해결하게 하옵소서. 화목하지 못한 사람들에게는 주의 십자가의 도를 다시 깨우쳐 주셔서 먼저 섬김으로 그 마음을 열어 형제 자매에게 나갈 수 있는 관용을 허락하여 주시기를 간구합니다. 또한 죄악으로 말미암아 고통받는 영혼들에게는 주께서 의롭다 하신 것을 기억하고 회개하고 돌이키게 하옵소서.

우리가 처한 어떠한 경우라도 그것이 이 시간 주께 예배드림에 걸림돌이 되지 않도록 스스로의 마음을 정하게 하여 주옵시고, 주님만 영광을 받으시는 시간이 되도록 주의 성령으로 함께하옵소서.

우리가 사방으로 우겨쌈을 당하여도 싸이지 아니하며 답답한 일을 당하여도 낙심하지 아니하며 핍박을 받아도 버린바 되지 아니하며 거꾸러뜨림을 당하여도 망하지 아니할 수 있는 이유가 예수 죽인 것을 몸에 짊어져 예수의 생명이 우리 안에 나타나기 때문(고린도후서 4:8-10)이라고 말씀하셨으니 이 믿음 가운데 항상 거할 수 있도록 저희의 마음을 지켜 주시기를 간절히 기도드립니다.

주의 살아계심이 우리 모두에게 참으로 소망이 됨을 고백드리오며 이 모든 말씀을 이 시간 함께하셔서 경배를 받으시기에 합당하신 예수 그리스도의 이름으로 기도드리옵나이다. 아멘 여호와께서 시온의 포로를 돌리실 때에 우리가 꿈꾸는 것 같 았도다 그때에 우리 입에는 웃음이 가득하고 우리 혀에는 찬양 이 찼었도다 열방 중에서 말하기를 여호와께서 저희를 위하여 대사를 행하셨다 하였도다 여호와께서 우리를 위하여 대사를 행 하셨으니 우리는 기쁘도다(시편 126:1-3).

주께서 택하시고 가까이 오게 하사 주의 뜰에 거하게 하신 사 람은 복이 있나이다 우리가 주의 집 곧 주의 성전의 아름다움으 로 만족하리이다(시편 65:4).

새 계명을 너희에게 주노니 서로 사랑하라 내가 너희를 사랑 한 것 같이 너희도 서로 사랑하라 너희가 서로 사랑하면 이로써 모든 사람이 너희가 내 제자인줄 알리라(요한복음 13:34-35).

할렐루야! 거룩하시고 높으신 하나님 아버지!

아버지의 거룩하신 이름을 찬양하나이다. 주께서 온 천하 만물을 창조하여 펴시고 그 운행을 기뻐하시니 주님만이 영광을 받으시기에 합당하나이다.

주님의 거룩함으로 저희를 구별하여 택하시고 주께 나아오게 하셨 으니 저희가 참으로 복된 자(시편 65:4)들이라는 것을 고백하옵나이 다. 또한 죄악 중에 포로가 되었던 저희를 피로 사셔서 주의 자녀로 삼으셨으니 저희의 입에 웃음이 넘치고 저희의 혀에는 찬양으로 가득하게 하셔서 열방이 말하기를 "하나님 아버지께서 저희를 위하여 큰 일을 행하셨다"라고 고백하게 하옵소서(시편 126:1-3).

주께서 온전하시니 저희를 온전하게 하옵시고 주께서 거룩하시니 저희가 거룩을 좇아 행하게 하옵소서. 날마다 어려운 일들이 저희 앞에 있겠지만 주께서 주신 힘으로 넉넉히 이기게 하시고 뒤로 물러서지 않게 하옵소서. 힘들 때 더욱 주님을 의지하게 하옵시고 주께서 주신 소명을 다하게 하여 주시기를 간구합니다.

늘 부족하기 그지없지만 저희의 작은 헌신을 기뻐 받아 주옵시고 저희의 손을 통하여 일하시는 주님의 놀라운 은혜를 날마다 경험하게 하옵소서. 날마다 주님과 생생하게 동행하는 기쁨 속에서 주님을 만나게 하시고 예수님의 사랑으로 이웃을 사랑하게 하여 주옵소서. 그리하여 참으로 예수님께서 주신 새 계명을 삶 속에서 지켜 행함으로 모든 사람들이 저희가 예수님의 제자인줄 알게 하옵소서(요한복음 13:34-35).

오늘 수요일 서녁 다시 보여 수님께 예배드리는 기쁨을 허락하셨사오니 이 시간 주님 홀로 영광과 존귀를 받으시옵소서.

이 모든 말씀을 생명으로 우리를 구속하신 예수님의 귀하신 이름 받들어 기도하옵나이다. 아멘.

4) 새벽예배

 **새벽예배 대표기도 1**

천지를 창조하시고 그 가운데서 택하신 성도들의 노래를 기뻐하시는 하나님 아버지, 홀로 찬양을 받으시옵소서. 하늘과 땅에 각기 알맞은 것으로 채우신 하나님께서 특별히 새벽을 위한 밝은 별들을 주셨음에 대하여 깊이 감사드리옵나이다. 참으로 우리가 새벽을 깨우기 위해 함께 모여 예배를 드리오니 이 시간, 주의 귀한 은혜를 저희 가운데 내려 주시옵소서.

송이꿀보다 더 달고 오묘한 말씀으로 먹여 주시고 깊은 기도 가운데 저희를 만나 주옵소서. 주의 얼굴을 숨기지 마시고 우리에게 그 빛을 비추어 주옵소서. 주의 존전에 서서 하나님께 향기로 드려지는 기도를 드리게 하여 주시고 기뻐 받으시고 즐겨 응답하여 주시옵소서.

이미 예수님을 저희의 구속을 위해 허락하신 하나님께서 모든 것으로 풍성하게 채우실 것을 믿사오니 그 믿음 가운데서 기도하게 하옵시고 육신의 정욕으로 구하지 않게 하옵소서.

각 사람의 필요를 가장 잘 아시는 하나님께서 은혜대로 채우실 것을 믿습니다. 우리가 기도로, 말씀으로, 찬양으로 주님께 나아갈 때 아버지께서 영광을 받으시기를 간구하오며 예수님의 귀하신 이름 받들어 기도하옵니다. 아멘.

전능하신 자 하나님 여호와께서 말씀하사 해 돋는 데서부터 지는 데까지 세상을 부르셨도다(시편 50:1).

새벽에 역사하시는 하나님 아버지!

말씀으로 해 돋는 데서부터 해 지는 데까지 세상을 부르시고 시온에서 그 빛을 발하사 온 땅에 두루 비치는 하나님, 아버지께 영광과 찬송을 돌리아니다(시편 50:1). 참으로 하나님께서는 천천의 수양과 번제보다는 감사로 제사를 드리는 자를 기뻐 받으시는 분이신 줄 믿습니다. 이 새벽에 저희를 불러 주셨사오니 하나님께서 행하신 일들과 우리에게 주신 복을 세어 보아 깊은 감사를 드림으로 하나님을 영화롭게 하는 저희가 되길 간구합니다.

저희 입술을 열어 주를 찬양케 하시되 마음을 다하여 찬양하게 하시고 온 정성으로 주의 존전에 서게 하옵소서. 주를 찬양함의 기쁨을 알게 하시고 감사드림이 얼마나 큰 힘이 되는지 깨닫는 시간이 되도록 저희를 깊이 만져 주시옵소서.

저희들이 한 마음으로 기도할 때 하늘 문을 열어 주시고 중보의 기도를 드릴 때 지체들을 더 사랑할 수 있는 마음을 허락하여 주시옵소서. 용서와 용납함의 비밀을 맛보아 알게 하시고 저희의 신음과 고통의 소리를 신원하여 주시길 간구합니다.

주님과 같이 있는 순간이야말로 가장 귀하고 값진 시간이오니 이 새벽이 그러한 시간이 될 수 있도록 주의 성령으로 임재하여 주시옵소서. 하나님의 거룩하심을 높여드리며 예수님의 이름으로 기도합니다. 아멘.

새벽예배 대표기도 3

여호와여 나의 기도에 귀를 기울이시고 나의 간구하는 소리를 들으소서 (시편 86:6).

그러므로 우리가 긍휼하심을 받고 때를 따라 돕는 은혜를 얻기 위하여 은혜의 보좌 앞에 담대히 나아갈 것이니라 (히브리서 4:16).

거룩하시고 영화로우신 하나님 아버지!

우리를 구원하신 주의 은혜에 감사와 찬양을 돌립니다.

새벽 첫 시간 주의 거룩하신 보좌 앞에 나오게 하시니 감사드립니다. 이 시간 시와 찬미와 신령한 노래를 드리오니 주여, 우리의 예배를 열납하시고 우리 안에 정한 마음을 회복시켜 주시옵소서.

하나님의 뜻에 어긋나게 생각하고 말하고 행동한 일을 회개하오니 주의 보혈로 저희를 정결케 씻어 주시고 성령의 감동하심으로 우리를 충만하게 하옵소서.

하루의 시작을 주께 드리오니 말씀의 양식을 먹이시옵소서. 주여 듣겠사오니 우리의 마음밭을 기경하시고 주신 말씀이 뿌리내려 30배, 60배, 100배의 결실을 맺게 하옵소서. 하나님 말씀대로 살아가는 믿음을 허락하시고 생활 속에서, 삶 전체를 통하여 주의 영광을 드러내는 살아있는 믿음을 허락하여 주시옵소서.

지혜와 능력의 주님!

저희로 말미암아 주의 진리의 말씀으로 어두운 세상을 밝게 비추며 살게 하옵소서. 사도들의 신앙고백과 말씀 위에 교회를 세워 주시고, 불의의 세상 속에서 믿음으로 의로운 생활을 할 수 있도록 능력을 주시옵소서. 거룩한 하나님의 백성으로 경건한 생활에 힘쓰게 하심을 감사드리며 더 나아가 날마다 주의 사랑으로 모든 영혼과 하나가 되게 하시고, 말씀으로 끊임없이 자라나게 하옵소서.

이 시간 드리는 예배를 기뻐 받으실 주님을 찬양하오며 귀하신 예수 그리스도의 이름으로 기도 드립니다. 아멘.

5) 금요철야예배

 **철야예배 대표기도 1**

여호와는 광대하시니 우리 하나님의 성, 거룩한 산에서 극진히 찬송하리로다 터가 높고 아름다워 온 세계가 즐거워함이여 큰 왕의 성 곧 북방에 있는 시온산이 그러하도다(시편 48:1-2).

우리의 씨름은 혈과 육에 대한 것이 아니요 정사와 권세와 이 어두움의 세상 주관자들과 하늘에 있는 악의 영들에게 대함이라 (에베소서 6:12).

은밀한 중에 기도를 들으시는 하나님 아버지, 아버지는 광대하시니 우리 하나님의 성, 거룩한 산에서 찬양을 받으시옵소서. 하나님 아버지, 우리가 주의 전에서 주의 인자하심을 생각하옵나이다. 주의 이름이 온 땅에 높으심과 같이 찬송도 땅 끝까지 미쳤으며 주의 오른손에는 정의가 충만하여 그 판단으로 인해 시온산은 기뻐하고 또한 세계가 즐거워하나이다(시편 48:1-2). 우리가 주의 앞에서 기쁨으로 뛰놀기를 원하오며 이 밤중에 주의 이름을 부르게 하옵소서.

주님만이 하나님이심을 선포하오며 모든 우상은 강력히 무너지고 오직 주의 영광만 이 자리에 충만하기를 간구합니다.

살아계시고 역사하시는 하나님, 우리의 싸움은 혈과 육에 대한 것이 아니요 정사와 권세와 이 어두움의 세상 주관자들과 하늘에 있는 악의 영들에 대함(에베소서 6:12)이라고 말씀하셨사오니 우리가 매순간 하나님의 전신갑주를 입고 영적싸움에서 승리하길 원하옵나이다.

모든 기도와 간구로 하나님께 나갈 때 성령 안에서 부르짖게 하시고 여러 성도들을 위한 중보를 아끼지 말게 하옵소서. 무엇보다 깊은 감사와 찬양으로 하나님께 나가게 하시고 흑암의 권세가 틈타지 못하도록 천군천사로 지켜 주시옵소서.

위로가 필요한 사람에게는 지극한 하나님의 사랑을 보여 주시고, 격려가 필요한 사람에게는 담대함을 부어 주시며, 근심과 염려가 있는 사람에게는 하나님의 깊은 평강으로 채워 주옵소서.

주님을 기뻐함이 저희의 힘이 되는 것을 고백합니다. 주님 홀로 영광을 받으시기를 간구하오며 이 모든 말씀을 하나님 우편에 앉아 계신 예수 그리스도의 이름으로 기도드리옵나이다. 아멘.

하나님도 하나이시니 곧 만유의 아버지시라 만유 위에 계시고 만유를 통일하시고 만유 가운데 계시도다(에베소서 4:6).

너는 내게 부르짖으라 내가 네게 응답하겠고 네가 알지 못하는 크고 비밀한 일을 네게 보이리라(예레미야 33:3).

만유의 아버지시며 만유 위에 계시고 만유를 통일하시고 만유 가운데 계신 하나님!

이 시간 저희 입술의 찬양을 받으시며 경배를 받아 주시옵소서(에베소서 4:6). 주께서 우리에게 주를 아는 기쁨을 누리게 하셨으니 주님 한 분 만으로 즐거워하며 주의 이름을 부르게 하옵소서.

이 시간, 주님의 이름을 부르며 주님 앞에 엎드릴 때 눈물 속에서 부르짖는 간구를 들어 응답하여 주옵시고, 깊이 주님께 나아갈 때 주의 만지심을 느끼는 시간되게 축복하여 주옵소서. 하나님 아버지께서 영혼을 만지실 때 힘들고 어렵다고 여기던 모든 것들이 아무 문제가 아님을 알게 될 줄로 믿습니다.

또한, 주님의 만지심으로 인해 새 힘을 얻고 영혼의 만족을 누리며 주어진 환경 가운데서 모든 것을 넉넉히 이길 수 있음을 믿습니다.

주님이 주신 평안은 세상이 주는 것과는 다르며, 또한 주님이 베푸신 사랑은 세상 알 수도 없는 사랑이기에 날마다 그 은혜를 인하여 감사하며 찬송을 드리나이다.

깊은 기도로 인도해 주시고 마땅히 기도할 바를 생각나게 하시며 중언부언하지 말고 믿음으로 간구하게 하옵소서. "너는 내게 부르짖으라 내가 네게 응답하겠고 네가 알지 못하는 크고 비밀한 일을 보이리라"(예레미야 33:3)고 약속하신 말씀에 따라 저희가 부르짖을 때 그 말씀대로 이루어 주옵소서. 주의 귀한 말씀을 저희에게 깊이 먹여 주실 것을 믿습니다.

하나님의 사랑과 은혜에 감사드리며 예수님의 거룩하신 이름으로 기도드리옵나이다. 아멘.

여호와께서는 자기에게 간구하는 모든 자 곧 진실하게 간구하는 모든 자에게 가까이 하시는도다 저는 자기를 경외하는 자의 소원을 이루시며 또 저희 부르짖음을 들으사 구원하시리로다(시편 145:18-19)

이 세상 모든 만물의 창조주이시며 하나님이 되신 아버지여!

주의 이름이 높임을 받으시옵기를 간구하옵나이다. 이 시간 주님의 발 앞에 엎드려 주의 얼굴을 구하며 주께 간절한 마음으로 기도하고자 나아온 모든 주의 자녀들에게 주께서 은혜를 베풀어 주옵소서. 하나님께서는 아버지께 간구하는 모든 자 곧 진실하게 간구하는 자들에게 가까이 하시며 주를 경외하는 자의 소원을 이루시며 저희 부르짖음을 들으시는 분(시편 145:18-19)이라고 하셨으니 주의 말씀대로 저희 가운데 이루어 주옵소서.

먼저 주님의 말씀이 땅 끝까지 선포되게 하옵시고 주의 온전한 뜻이 하늘에서 이룬 것 같이 이 땅에서도 이루어지기를 간구하옵나이다. 또한 주의 자녀들의 간절한 기도에 응답하사 각 사람의 필요를 채우시고 깊은 위로와 말씀으로 함께하여 주옵소서.

여러 가지 소원을 아뢰기 위해 나아온 심령 심령마다 주께서 깊이 어루만져 주시며 주의 성령으로 충만케 하옵소서.

주의 귀한 말씀을 선포하실 목사님에게 함께하셔서 능력으로 말씀을 선포하게 하시고, 저희에게는 은혜의 생수를 마시는 시간이 되도록 축복하여 주시옵소서. 듣는 자가 가난한 마음으로 말씀을 사모하게 하시고 깊은 깨달음과 각 심령이 주의 말씀 앞에 녹아지는 시간이 되게 하옵소서.

기도하는 제목들마다 주께서 기뻐 받으시며 응답하여 주시고 이 일을 통하여 오직 아버지만이 영광을 받으시기를 원하옵나이다.

하늘 문을 강력히 열어 주시고 주의 얼굴을 뵈올 때 넘치는 기쁨과 감사로 충만하게 하옵소서. 주의 거룩하신 이름을 높여 드리오며 예수님의 귀하신 이름 받들어 기도하옵나이다. 아멘.

교회 절기 예배

 **신년예배 대표기도**

또 여호와께서 예루살렘을 세워 세상에서 찬송을 받게 하시기까지 그로 쉬지 못하시게 하라(이사야 62:7).

내 손을 가르쳐 싸우게 하시니 내 팔이 놋활을 당기도다(시편 18:34).

우리가 사방으로 우겨쌈을 당하여도 싸이지 아니하며 거꾸러뜨림을 당하여도 망하지 아니하고(고린도후서 4:8).

감사로 제사를 드리는 자가 나를 영화롭게 하나니 그 행위를 옳게 하는 자에게 내가 하나님의 구원을 보이리라(시편 50:23).

살아계시고 역사하시며 만왕의 왕, 만주의 주가 되시는 하나님 아버지!

세세토록 찬양과 경배를 받으시옵소서. 그 행하심이 기이하시니 존귀와 영광을 받으시옵소서.

온 세상의 주인 되신 하나님께서 한시도 멈추지 않으시고 일하심으로 또 한 해를 허락해 주시니 감사드립니다.

지나간 한 해 동안 조금도 어긋남 없이 신실하게 일하셨던 하나님께서 새해에도 친히 다스리셔서 당신의 뜻이 우리 가운데 온전히 이루어지길 간구하옵나이다.

이 시간에도 전 세계 가운데서 주의 일을 위해 수고하는 하나님의 신실한 종들에게 함께하옵소서. 더 깊은 기도와 말씀으로 인도해 주시고 필요를 따라 공급해 주시며 그들의 땀이 헛되지 않도록 온 땅이 주를 찬송하는 역사가 일어나게 하옵소서.

주께서 시온에 서서 영광을 받으실 그날이 이르기까지 쉬지 않고 기도하게 하옵소서(이사야 62:7). 저희 손을 가르쳐 싸워 이기게 하옵시고(시편 18:34), 거대한 세상의 물살에 휩쓸리지 않게 하시며 출렁이는 파도로 두려워하기보다는 예수님을 바라보아 평강 가운데 물 위를 걷게 하옵소서.

독수리 날개쳐 올라감같이 바람을 타고 오르게 하시며, 사방으로 우겨쌈을 당하여도 답답하거나 매이지 않게 하시고(고린도후서 4:8) 길이 없다고 느껴질 때 위를 보게 하옵소서.

감사로 제사드리는 자가 하나님을 영화롭게 한다(시편 50:23)고 말씀하셨사오니, 찬양받으시기에 합당하신 하나님께 날마다 적극적인 감사와 찬양의 심령으로 신앙을 고백하게 하옵소서.

모든 일을 믿음으로 성취하게 하시고, 죽기에 마땅한 죄인인 저희들이 말로 표현 못할 사랑을 받았으니 지극한 사랑으로 다른 사람들을 사랑하게 하옵소서.

무엇보다 저희 성도들이 더욱 사랑하게 하시고 그 사랑으로 이웃을 따뜻하게 보듬을 수 있도록 저희 마음을 하나가 되게 하옵소서.

또한 저희 마음을 강하고 담대하게 하셔서 어려운 일을 만날 때나 힘든 일을 당한 때도 절망하기 이전에 예수님만으로 기뻐할 수 있게 하옵소서.

능히 세상이 감당치 못하는 자는 잘난 자가 아니라 참으로 예수 그리스도의 십자가 앞에 철저히 죽은 자임을 고백드립니다. 이 새해가 진심으로 하나님 앞에 온전히 드려지는 귀한 해가 되도록 인도해 주시길 간절히 원하나이다.

무엇보다 주님께 찬양과 경배를 드리며, 신령과 진정으로 예배하는 저희에게 은혜와 기쁨이 충만하게 해 주옵소서.

감사와 찬양과 영광을 올려드리며 예수 그리스도의 귀하신 이름 받들어 기도하옵나이다. 아멘.

설날주일 대표기도

그는 근본 하나님의 본체시나 하나님과 동등됨을 취할 것으로 여기지 아니하시고(빌립보서 2:6).

가로되 주 예수를 믿으라 그리하면 너와 네 집이 구원을 얻으리라 하고(사도행전 16:31).

영광과 찬송을 받으시기에 합당하신 하나님 아버지!

그 영광을 만민으로 하여금 알게 하시고 하늘과 땅에 충만한 것들이 여호와의 이름을 높이게 하옵소서. 하나님을 높이는 그 찬송으로 인하여 모든 민족과 열방이 살아 숨쉬게 하옵소서.

거룩하신 하나님!

이 설날 아침, 대한민국이라는 나라와 저희에게 허락하신 가족들로 인해 감사드립니다. 오늘 우리 민족의 명절인 설날에 가족들과 함께 지내면서 그들의 소중함을 더욱 깨닫게 하시고 그들과 더불어 사랑과 위로, 섬김과 격려를 나누게 해주신 하나님께 감사드립니다.

저희 가운데 윗사람을 공경하는 마음과 아랫사람을 사랑하는 마음을 부어 주시고 화평을 누리게 하옵소서. 자녀들에게는 부모님을 향한 진정한 사랑과 섬김이 있게 하시고, 어른들에게는 강건한 복을 주시며 또한 부모에게는 어린 자녀들을 하나님의 깊은 사랑으로 양육하는 마음을 갖게 하옵소서.

나보다 남을 낮게 여기는 마음을 허락해 주시고, 하나님의 본체이셨으나 종의 형체를 입어 죽기까지 복종하셨던 예수님을 본받아 사랑으로 서로 복종하게 하옵소서(빌립보서 2:6).

내 형제를 내 몸처럼 사랑하여 이웃 사랑의 밑거름이 되게 하시고 날마다 서로 믿음을 격려하게 하옵소서.

믿지 않는 가족들을 가진 성도들은 더 낮아지며 더 섬기며 더 화목의 다리가 될 수 있는 마음을 허락하셔서 이를 통해 가족들이 예수님의 긍휼과 사랑의 향기를 알게 하시고, 가족들을 위해 드리는 기도에 응답해 주옵소서. "주 예수를 믿으라 그리하면 너와 네 집이 구원을 얻으리라"(사도행전 16:31)고 약속하셨으니 그 말씀이 이루어질 것을 믿고 인내로 기도하며 섬기도록 주의 성령으로 함께하여 주시기를 간절히 기도드립니다.

또한 설날을 통해 이웃을 돌아보는 여유를 허락하시고 부족한 중에라도 나누는 손을 갖게 하사 하나님께서 주신 복의 통로가 되게 하옵소서. 온 세계가 주님께 속하였고 저희가 가진 것이 모두 주님께로부터 왔다는 것을 다시 기억하는 귀한 시간들이 되게 하옵소서. 욕심으로 긁어 모아 부유해지는 것이 아니라 사랑으로 나눌 때 풍성한 삶이 됨을 알게 하시고, 주께서 기뻐 받으시는 예배를 드리도록 역사하여 주옵소서.

이 한 해 동안 주의 은혜를 맘껏 누리기를 간구하옵고, 감사와 찬양과 영광을 돌려드리며 우리 주 되신 예수님의 이름으로 기도드리옵나이다. 아멘.

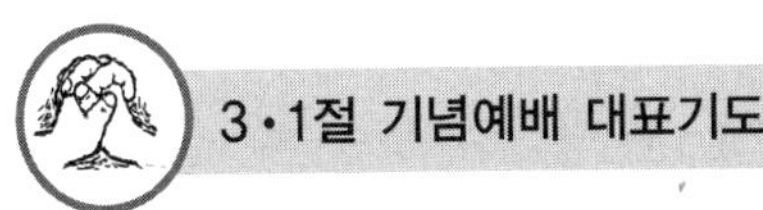

3·1절 기념예배 대표기도

이 일 후에 내가 보니 각 나라와 족속과 백성과 방언에서 아무라도 능히 셀 수 없는 큰 무리가 흰 옷을 입고 손에 종려 가지를 들고 보좌 앞과 어린 양 앞에 서서(요한계시록 7:9).

모든 이름 위에 뛰어난 하나님의 그 이름에 경배와 찬양과 감사를 드립니다. 세계가 온전히 주님께 속하였고 그 역사도 주님께서 주관하시고 이끄시는 것을 믿습니다. 그 역사하심이 물이 바다 덮음같이 온 하늘과 온 땅을 덮어 만물이 주의 앞에 무릎 꿇고 경배를 드리게 되길 원합니다.

신실하신 하나님께서 이 땅에 한민족을 두시고 흰 옷을 사랑하고 의를 아는 민족이 되게 하셨음을 인해 감사드립니다. 또한 오랫동안 닫혀 있었던 우리 민족에게 처음 성령의 불길을 쏟아 부으시고 얼마 되지 않아 36년이라는 세월을 일본의 치하에 두셔서 고난으로 저희 민족을 단련시키실 때 복음의 뿌리가 내리게 하셨음을 인해 더욱 감사와 찬양을 드립니다.

주님께서 그 모든 역사를 주관하시며 어두운 데 빛을 비추신 것처럼, 귀머거리의 귀를 여신 것처럼, 소경의 눈을 뜨게 하신 것처럼 저희 민족의 정신을 일깨워 주사 나라를 사랑하는 마음과 독립에의 열망을 갖게 하신 것을 감사드립니다.

많은 사람이 3·1절 독립만세 사건으로 죽어갔지만 그들의 피가 오늘 우리가 누리는 이 평강과 풍요로 신원되었음을 믿습니다. 그들의 뜻을 받들어 나라를 사랑하되 온 세상의 구원자 되시며 원수를 사랑하라고 말씀하신 예수 그리스도의 뜻과 사랑 안에서 일본 백성들에게도 복음이 편만해 질 수 있기를 간절히 기도하나이다.

하나님께서 이스라엘 백성을 정결케 하기 위하여 바벨론을 들어 쓰셨던 것처럼 저희 민족을 정금같이 단련하기 위하여 일본을 사용하셨음을 믿습니다. 그러므로 그들을 미워하기 보다는 복음을 먼저 받은 자로서 빚진 자의 심정으로 기도하게 하옵소서.

다만 3·1절의 정신을 이어 부정과 부패, 나약한 정신, 불평하는 마음들을 철저히 벗고 강하고 담대하며 깨끗하고 정결한 마음과 감사의 마음으로 충만한 나라를 이룩하게 하옵소서. 교회가 먼저 무릎 꿇고 기도하게 하옵시고 정치권에서 하나님을 경외하게 하사 국민들이 하나 되어 서로 도울 수 있도록 축복하여 주옵소서. 또한 빚진 마음으로 헌신하는 흰 옷 입은 주의 순결한 백성들(요한계시록 7:9)이 일어나 온 땅을 위해 나가는 선교의 불길이 더욱 일게 하옵소서.

전 세계 오대양 육대주에서 하나님께서 영광을 받으실 그 날이 이를 때까지 주님께서 쉬지 않으실 것이므로 저희들 또한 쉬지 않기를 간절히 서원하오며, 이 모든 말씀을 다시 오실 우리 주 예수 그리스도의 이름으로 기도하옵나이다. 아멘.

그는 근본 하나님의 본체시나 하나님과 동등됨을 취할 것으로 여기지 아니하시고(빌립보서 2:6).

내가 이제 너희를 위하여 받는 괴로움을 기뻐하고 그리스도의 남은 고난을 그의 몸된 교회를 위하여 내 육체에 채우노라(골로새서 1:24).

수고하고 무거운 짐진 자들아 다 내게로 오라 내가 너희를 쉬게 하리라 나는 마음이 온유하고 겸손하니 나의 멍에를 메고 내게 배우라 그러면 너희 마음이 쉼을 얻으리니(마태복음 11:28-29).

내가 너를 내 손바닥에 새겼고 너의 성벽이 항상 내 앞에 있나니(이사야 49:16).

온 세상을 말씀으로 창조하시고 그것을 기뻐하셨던 하나님 아버지!

모든 창조물 가운데서 영광과 존귀를 받으시고 하늘의 천군과 천사들의 찬양을 받으시옵소서. 창세 전부터 택하시고 그 손으로 빚으신 모든 족속과 나라와 방언이 주님 앞에 나아와 경배를 드리기 원하나이다. 그 찬양과 경배를 받으시옵소서.

또한 근본 하나님이시나 하나님과 동등됨을 취하지 않으시고 스스로 낮추어 이 땅에 오셔서 기꺼이 십자가를 지신 예수님(빌립보서

2:6), 모든 이름 위에 뛰어난 그 이름이 찬양을 받으시고 영광을 받으시기를 간절히 원하옵니다.

예수 그리스도께서 겪으신 수치와 고난으로 오늘 저희가 하나님 앞에서 예배드릴 수 있게 되었고, 주께서 십자가에서 죽으심으로 하나님께로 나아갈 길을 열어 놓으셨기에 감히 그분 앞에 서게 되었습니다. 주의 목숨으로 구원받은 저희가 오늘 여기에 있사오니 찬양을 받으시고 감사의 제사를 열납하시옵소서.

또한 우리가 그리스도의 남은 고난을 주의 몸된 교회를 위해 우리 육체에 채울 수 있도록(골로새서 1:24) 몸을 쳐서 복종케 하시고 그 사랑의 깊이와 넓이와 높이를 깨달아 알 수 있도록 주의 성령을 부어 주시옵소서. 그 사랑으로 주위를 돌아보게 하시고 주님을 모르는 잃어버린 자들, 예수님의 보혈로 사신 천하보다 귀한 영혼을 위해 기도하며 헌신하게 하옵소서. 예수님으로 인해 받는 미움을 오히려 기뻐하며 더 큰 사랑으로 감싸 안게 하시고, 현재 저희가 겪고 있는 많은 어려운 일과 힘든 일을 오히려 감사함으로 감당하게 하시옵소서.

수고하고 무거운 짐진 자들에게 그 짐을 내려놓고 쉽고 가벼운 예수님의 짐, 십자가를 지라고 말씀하셨으니(마태복음 11:28-29) 그 수치와 고통의 십자가만으로 자랑하게 하셔서 두려움이 없는 자들이 될 수 있도록 은혜를 베풀어 주시길 간구합니다.

참으로 수많은 사람 중에서 저희를 택하시고 저희 이름을 손바닥에 새기신(이사야 49:16) 그 은혜와 긍휼이 저희 잔에 넘치나이다. 오직 전능하신 하나님께 찬양과 영광을 돌리며, 베풀어주신 십자가의

보혈에 감사하옵고 귀하신 예수 그리스도의 이름 받들어 간절히 기도

하옵나이다. 아멘.

앞에서 가고 뒤에서 따르는 무리가 소리 질러 가로되 호사나 다윗의 자손이여 찬송하리로다 주의 이름으로 오시는 이여 가장 높은 곳에서 호산나 하더라(마태복음 21:9).

하나님의 나라는 말에 있지 아니하고 오직 능력에 있음이라 (고린도전서 4:20).

예수 그리스도를 통하여 겸손과 섬기심으로 이 땅에 평화를 이룩하신 사랑의 하나님!

예수님이 예루살렘에 입성하실 때처럼, 이 시간 저희들이 "호산나 다윗의 자손이여 찬송하리로다. 주의 이름으로 오시는 이여, 가장 높은 곳에서 호산나"라고 외치며 주님을 영접하고 찬양합니다.

오늘도 거룩한 성일을 허락하시되 특별히 종려주일로 지킬 수 있게 하시니 감사드립니다. 주께서 평화의 왕이 되심을 믿기에 '호산나' 로 찬양과 경배를 드리옵나이다. 주께서 2000년 전에 나귀 새끼를 타시고 예루살렘에 입성하심으로 진정한 승리는 힘이 아닌 겸손과 봉사로 이 세상을 섬기는 것임을 저희로 알게 하여 주시니 감사드립니다.

자비의 주님, 저희는 섬김을 받으려고 이 땅에 오신 것이 아니라 남을 섬기는 종으로 오신 주를 믿노라고 고백하면서도 실상 섬김을 받으려 하고 더 높은 자리를 차지하려고 애썼습니다. 천국에서 누가 높은지 다투었던 제자들을 꾸짖으신 것처럼, 저희를 꾸짖어 주시고 낮은 곳에 임하는 마음을 허락하여 주시옵소서.

주의 값진 피로 산 이 교회가 주님을 따라 섬기는 자의 도리를 다할 수 있게 하여 주시옵소서. 오늘날 교회 안에서도 남을 섬기기보다 섬김을 받고 높아지려하는 모습이 많은 이 때에 저희가 온전히 회개하고 말만이 아닌 저희의 행동으로 죽기까지 순종하고 낮아질 수 있도록 인도하여 주시옵소서.

하나님의 나라는 말에 있지 아니하고 오직 능력에 있다(고린도전서 4:20)고 하셨사오니 저희 교회가 실제로 세상에 대해 복음과 진리로 봉사하는 교회가 되게 하옵소서. 또한 불의와 거짓으로 가득 찬 이 세상에서 진정 빛과 소금의 역할을 다할 수 있는 교회가 되게 하여 주시옵소서.

사랑과 은혜의 하나님 아버지!

친히 제자들의 빌을 씻겨 주시고 마침내 이 세상을 구원하시기 위해 십자가에 달리시기까지 희생하신 주님의 섬김의 자세를 깨달을 수 있는 지혜를 저희에게 허락하여 주시옵소서.

특별히 기도하옵기는 신앙적인 면이나 세상적인 면에서 강한 사람들이 먼저 약한 사람들을 섬길 수 있는 믿음을 주시고, 물질주의나 명예, 권력을 앞세우기보다 평화의 왕이신 예수 그리스도를 굳게 의지할 수 있는 믿음을 허락하여 주시옵소서.

능력의 하나님 아버지. 이 나라는 지금 정치적으로나 경제적, 사회적으로 많은 어려움에 빠져 있나이다. 정치적 불안과 경제적 고통에 빠져 있는 이 백성을 긍휼히 여겨 주옵시고 상한 심령을 위로하여 주시옵소서. 위정자들은 공의로 이 나라를 다스리게 하시고 온 국민은 하나가 되어 이 어려운 난국을 타개해 나가도록 역사하시되, 오직 하나님의 공의와 사랑이 이 땅에 함께하여 주시기를 기도합니다.

무엇보다도 이 땅의 교회와 믿는 성도들이 먼저 한 마음 한 뜻으로 기도하고 섬기며, 사랑과 봉사의 힘을 통해 그리스도의 사랑을 보여 줄 수 있게 하옵소서. 그래서 교회와 믿는 자들이 이 땅을 변화시킬 수 있는 사랑과 복음의 증인이 되기를 기도하옵나이다. 저희로 먼저 주님을 모시는 깊은 믿음을 배우게 하시고 이 예배를 통해서 평화의 왕이신 예수 그리스도와 깊은 교제를 나누며 주의 섬김의 도리를 본받을 수 있도록 저희의 심령을 친히 주장하여 주시옵소서.

드려지는 예배가 온전히 주께 열납되기를 바라오며 십자가에 달려 죽으심으로 우리를 죄에서 구원하신 주 예수 그리스도의 이름으로 기도하옵나이다. 아멘.

이러므로 하나님이 그를 지극히 높여 모든 이름 위에 뛰어난 이름을 주사(빌립보서 2:9).

이십사 장로들이 보좌에 앉으신 이 앞에 엎드려 세세토록 사시는 이에게 경배하고 자기의 면류관을 보좌 앞에 던지며 가로되(요한계시록 4:10).

내가 또 들으니 하늘 위에와 땅 위에와 땅 아래와 바다 위에와 또 그 가운데 모든 만물이 가로되 보좌에 앉으신 이와 어린 양에게 찬송과 존귀와 영광과 능력을 세세토록 돌릴지어다 하니(요한계시록 5:13).

할렐루야! 찬양과 영광과 존귀를 받으시기에 합당하사 천지만물 가운데 홀로 높으신 하나님 아버지! 온 땅이 주의 이름을 경배하게 하시고 온 하늘이 여호와의 기록한 이름을 높여 부르게 하옵소서.

할렐루야! 목소리 높여 그 기이한 일을 찬양하며 비파와 수금으로 주의 행하신 일을 송축하나이다.

할렐루야! 2000여 년 전 모든 죽은 자 가운데서 예수 그리스도를 다시 살리셔서 그 우편에 앉히시고 모든 이름위에 뛰어난 이름을 주신(빌립보서 2:9) 하나님께 경배를 드립니다.

할렐루야! 모든 사망권세를 즈려 밟고 승리하신 예수 그리스도께 영광과 존귀와 찬양을 영원무궁토록 올려드립니다.

할렐루야! 거룩하신 하나님께서 행하신 이 일이 세계 모든 나라와 족속과 열방과 방언에서도 찬양을 받으시옵소서.

할렐루야! 거룩하고 존귀하신 예수님! 부활 승천하신 그대로 이 땅에 다시 오실 것을 믿으며 감사와 찬양을 드립니다. 홀로 찬양받으시며 홀로 높임을 받으시옵소서.

할렐루야! 네 생물이 찬양하며 24장로들이 굽혀 면류관을 드리며 경배하고(요한계시록 4:10) 천천만만의 천사들이 그 이름을 노래하며 보좌에 앉으사 세세토록 사시는 이에게 영광을 돌려드리나이다.

할렐루야! 죽임을 당하신 어린 양이 능력과 부와 지혜와 힘과 존귀와 영광과 찬송을 받으시기에 합당하시니(요한계시록 5:13) 그 경배를 받으시옵소서.

아멘 할렐루야! 그 이름이 세세토록 영광을 받으시고 오늘 저희 가운데서도 찬양을 받으시옵소서.

하나님 아버지! 이 놀랍고 감격스러운 부활의 기쁨이 세계 모든 나라와 족속과 방언 중에서도 충만하기를 간구하옵니다. 이것이 참으로 복음인 것을 만방이 알게 하여 주옵소서.

오늘 주의 귀한 말씀을 저희에게 주실 때 주의 부활하신 기쁨이 온전히 우리 가운데 차고 넘치기를 바라옵고 감사를 드리며 승리하신 예수 그리스도의 이름으로 기도드리옵나이다. 아멘.

그러나 의인은 그 믿음으로 말미암아 살리라(하박국 2:4).

우리는 뒤로 물러가 침륜에 빠질 자가 아니요 오직 영혼을 구원함에 이르는 믿음을 가진 자니라(히브리서 10:39).

근신하라 깨어라 너희 대적 마귀가 우는 사자 같이 두루 다니며 삼킬 자를 찾나니(베드로전서 5:8).

사랑하는 하나님 아버지!

천지 만물을 창조하시고 그 가운데 가장 아름다운 것으로 충만케 하신 하나님께 감사와 찬양과 영광을 돌려드립니다. 하나님께서는 온 세상의 주인 되시고 온 하늘과 땅의 근원이 되시며 이른 비와 늦은 비를 알맞게 공급하는 분이시니 경배를 받으시기 합당하십니다.

온 땅에 충만하도록 번성케 축복하신 하나님께서 각 가정에 자녀들을 허락해 주시니 감사드립니다. 하나님께서 맡겨 주신 귀한 이들을 잘 양육할 수 있도록 하나님의 지혜와 명철을 더하여 주실 뿐만 아니라 아이들이 존경하며 따를 수 있는 부모가 될 수 있도록 성령 충만한 삶을 살게 하여 주옵소서. 의인은 믿음으로 말미암아 사는 것(하박국 2:4)을 삶으로 보여 본이 되게 하시고 아이가 자람에 따라 때에 따른 양식을 먹이는 지혜를 허락하여 주시옵소서.

세상 모든 것이 하나님께 속하였으니 어린이들이 자라면서 접하게 되는 문화 또한 하나님 없는 무신론의 세계가 아니라 그 속에서도 하나님을 만나는 장이 되도록 축복하여 주소서. 이를 위해 어른들이 힘써 수고하게 하옵소서. 세상의 가치를 배우기 이전에 하나님 안에서 믿음으로 전진하는 것을 먼저 익히게 하시고, 너무 풍족하여 부족함을 모르는 것이 아니라 적게 가진 속에서도 나눌 수 있는 사랑을 가진 자로 자라게 하옵소서.

가정에서나 학교에서나 또는 친구들 사이에서 늘 좋은 만남으로 인도해 주시고, 주위를 따뜻한 시선으로 바라볼 수 있는 눈을 가지게 하여 주옵소서. 한 사람 한 사람이 참으로 존귀하다는 것을 알게 하시고 외모로 사람을 판단하지 않게 하옵소서.

건강을 허락해 주시고 어려운 환경에 처한 어린이에게도 적절한 기회가 주어지도록 보살펴 주시며, 이를 위해 저희의 마음의 지경을 넓혀 주시옵소서.

섬길수록 더 귀한 주님을 알게 하시고 세상의 온갖 유혹 속에서도 정결하게 자신을 지킬 힘과 용기를 더하여 주시며, 마지막 시대 하나님의 귀한 군사로 서게 하여 주시옵소서. 참으로 뒤로 물러가 침륜에 빠질 자가 아니라 영혼을 구원하는 믿음을 가진 자(히브리서 10:39)임을 항상 기억하고 늘 당당하고 밝은 모습으로 살게 하옵소서. 사방에서 참소하는 자가 일어나며 사탄이 우는 사자와 같이 삼킬 자를 찾아다니는(베드로전서 5:8) 이 때에 진리 안에서 누리는 자유로 이 모든 것을 넉넉히 이기게 하옵소서.

이들의 삶을 통해 영광을 받으실 주님께 감사와 찬양을 드리며 다시 오실 우리 주 예수 그리스도의 이름으로 기도하옵나이다. 아멘.

어버이 주일 대표기도

네 부모를 공경하라 그리하면 너의 하나님 나 여호와가 네게 준 땅에서 네 생명이 길리라(출애굽기 20:12).

살아계시고 역사하시며 만왕의 왕 만주의 주 되신 하나님 아버지! 하늘과 땅을 창조하여 펴시고 모든 창조물을 바라보고 기뻐하셨던 하나님께서 천지만물 가운데서 영광과 찬양을 받으시옵소서.

하늘이 주의 영광을 노래하며 땅이 주의 행하심을 기뻐하나이다. 주의 놀라운 이름을 전 세계가 알게 하시고 노래하게 하시며 찬양드리며 무릎 꿇고 나오는 역사가 일어나게 하옵소서. 한시도 멈춰 서지 않는 주님의 역사가 오늘날 우리의 부모님들에게도 함께하셨음을 믿사옵나이다.

이 땅에서 부모가 된다는 것이 참 두려운 일인 것을 주님께서 아십니다. 자녀는 가장 큰 하나님의 선물이기도 하지만 이 험난한 세대 가운데서 어떻게 잘 양육할지 염려스럽고 두려운 것이 사실입니다. 주님께서 때에 따른 지혜와 현명함을 허락하지 않으시면 갈 수 없는 길이기도 합니다.

그러므로 사랑의 하나님 아버지! 우리의 부모들이 자녀를 위해 매일 드리는 기도에 응답하여 주옵소서. 치우친 생각이나 아집으로 하지 않고 때로는 매로, 때로는 한없는 용서와 사랑으로 감싸 안을 수 있는 용기를 허락해 주옵소서. 자녀를 위한 염려보다는 무릎 꿇어 하나님께 아뢰는 믿음을 더하여 주옵소서.

하나님의 선하신 뜻 가운데 수많은 사람 속에서 가장 알맞은 한 부모를 선택하셔서 이 땅으로 자녀를 보내신 것을 믿습니다. 아버지와 어머니께서 땀과 눈물, 그리고 기도로 자녀를 키우신 것을 아시는 하나님께서 그들의 희생과 사랑을 기억해 주셔서 영원한 생명과 상급으로 축복해 주옵소서.

하나님 아버지!

또한 날로 각박해지고 어려운 이 땅에 소외받는 노인들이 많이 있습니다. 이들에게 적절한 도움의 손길을 허락하여 주시고 외로운 그들에게 예수님의 깊은 사랑을 전할 수 있도록 길을 열어 주시옵소서.

능력의 하나님! 세월이 흐름에 따라 약해지는 시력과 건강과 마음을 지켜 주시고, 날마다 더 주님을 알아서 나이 드는 것이 두렵거나 부끄러운 일이 아니라 자랑스럽고 기대되는 일이 되게 하옵소서.

자녀들로 하여금 주님께서 약속 있는 첫 계명으로 주신 "네 부모를 공경하라 그리하면 너의 하나님 나 여호와가 네게 준 땅에서 네 생명이 길리라"(출애굽기 20:12)고 하신 말씀을 기억하게 하시고 부모를 성심을 다해 섬길 수 있도록 축복하여 주시옵소서.

사랑과 은혜가 충만하신 하나님!

매일 더 가까운 주님의 나라를 소망하게 하시되 남은 생애 하나님께만 영광 돌리는 삶이 되게 하시며, 하나님께서 허락하신 생명을 다 누리고 평안 가운데 주님께로 돌아갈 수 있도록 저희 부모들을 축복해 주시옵소서.

오직 감사와 찬양과 영광이 주님께만 있사오며 이 모든 말씀을 예수님의 이름 받들어 기도드리옵나이다. 아멘.

성령을 소멸치 말며(데살로니가전서 5:19).

내가 내 몸을 쳐 복종하게 함은 내가 남에게 전파한 후에 자기가 도리어 버림이 될까 두려워함이로라(고린도전서 9:27).

나는 알파와 오메가요 처음과 나중이요 시작과 끝이라(요한계시록 22:13).

놀랍고도 신실하시며 말씀하신 바를 성실하게 이루시는 하나님!

창세 전부터 계획하신 모든 일을 온전히 이루시는 하나님!

과연 그 뜻이 하늘에서 이룬 것같이 이 땅에서도 이루어지기를 간구하나이다. 또한 약속하신 말씀을 신실하게 이루심을 인해 감사와 찬양을 드립니다. 2000여 년 전 예수 그리스도께서 부활 승천하시면서 우리의 처소를 예비할 뿐 아니라 더 좋은 보혜사를 보내주시기 위해 가신다고 하셨는데, 우리에게 약속하신 성령을 주시오니 감사드립니다.

성령님으로 말미암아 하나님의 귀하신 뜻을 알게 되고 그분의 탄식으로 말미암아 하나님의 고통을 알게 하시며 날마다 영의 양식을 공급해 주시니 찬양을 드립니다.

매일의 삶 속에서 항상 동행하시는 성령님으로 말미암아 살아갈 새 힘을 얻고 사방이 캄캄한 것 같은 어려움 속에서도 갈 길을 보여주실 것을 믿고 감사를 드립니다. 은과 금 우리에게 없어도 주신 은혜로 말미암아 참으로 잔이 넘치나이다. 영광을 받으시고 홀로 높임을 받으시옵소서.

저희 안에 부으신 성령으로 매일 그 열매를 맺게 하시고 성령을 소멸하는 죄(데살로니가전서 5:19)를 범치 아니하도록 저희를 지켜 보호하여 주시옵소서. 더 큰 믿음으로 전진하게 하시고 날마다 육신을 쳐서 복종시켜(고린도전서 9:27) 영의 생각으로 육의 소욕을 이기게 하옵소서. 허락하신 성령으로 매일 충만하게 하시며 사랑과 화평의 열매를 거두어 참으로 주님의 향기를 발할 수 있도록 축복하여 주시옵소서.

이 시간 예배를 받으시는 하나님!

예배 가운데 임재하시고 경배를 받으시고 저희 마음을 하나로 하여 주님의 보좌 앞에 나가게 하옵소서. 주님의 성령이 저희와 함께함을 믿습니다. 찬양과 존귀와 경배를 받으시옵소서. 홀로 받으시옵소서. 주만 하나님이시며 주만 처음이시고 나중이시며(요한계시록 22:13) 주님만 경배를 받으시기 합당한 분이시니 홀로 높임을 받으시옵소서. 참으로 예배드림이 기쁨입니다.

영광을 온전히 주님께만 드리며 이 모든 말씀을 보혜사 성령을 보내주신 예수 그리스도의 이름으로 기도하옵나이다. 아멘.

6.25주일 대표기도

창조와 역사의 주 하나님 아버지, 우리 찬양 가운데 거하시는 존귀하신 하나님!

손을 들어 주께 찬양하며 목소리 높여 주님을 경배하고 찬송하옵나이다. 태초로부터 오직 하나님만이 창조주이시며 예수 그리스도만이 저희의 구세주가 되시니 높임을 받으시고 찬양을 받으시옵소서.

온 역사의 주관자 되시며 그 역사는 창세 이래로 단 한 번도 멈추어 선 적이 없고 세상의 어느 일 하나 하나님께서 허락하지 않고 된 일도 없사옵나이다. 그러기에 6.25 또한 주님의 뜻 안에 있었던 것임을 고백합니다.

식민지를 벗어난 기쁨도 잠시 숨 가쁘게 다가온 전쟁이었기에 많이 어렵고 힘들었던 것을 주님께서 아십니다. 하지만 전쟁으로 인해 나라와 민족이 얼마나 중요한지, 그리고 자유가 얼마나 귀한 것인지 깨달을 수 있었기에 7~80년대를 잇는 경제부흥의 원동력이 되었음을 믿습니다. 이 또한 우리민족을 지극히 사랑하시는 하나님의 계획과 뜻 가운데 있을진대 오늘 우리가 그 날을 기념하는 예배 가운데 좌정하여 주시옵소서.

수많은 죽음으로 일궈 낸 민주와 자유를 기꺼이 감사하게 하시며 방종하거나 환경이 조금 어렵다고 좌절하지 말고 새로운 맘으로 정진하는 기회가 될 수 있도록 저희를 주장하여 주시옵소서. 그때 입은 상처로 아직 고통 받고 있는 사람들을 기억하여 주셔서 그들에게 주님의 은혜의 빛을 비추어 주시기를 간구하옵니다.

오늘 우리가 자유롭게 예배드릴 수 있는 이 환경을 열어 주신 것으로 인해 감사와 찬양을 드립니다. 그러나 이 시간, 하나님을 믿기 위해 목숨을 거는 북한의 그리스도인들을 기억하고 기도하오니 그 영혼들을 지켜주시옵소서. 힘들고 핍박 받는 삶일지라도 임마누엘되신 하나님으로 인해 두려움이 없게 하시고, 참된 복음의 확신 가운데 복음이 선포되어 북녘 땅에도 그리스도의 계절이 돌아오게 하옵소서.

주님의 정한 시간에 하루속히 통일이 되기를 바라지만 전쟁으로 통일되지 않게 하시고 문화, 경제의 교류 속에 서서히 하나가 될 수 있도록 인도하여 주옵소서.

주님께 감사를 드립니다. 이 모든 것을 더하신 하나님을 경배합니다. 전 세계 가운데서도 동일한 영광과 찬송을 받으시길 간구하오며 이 모든 말씀 예수님의 귀하신 이름으로 기도드리옵나이다. 아멘.

맥추감사주일 대표기도

여호와께서 너희 땅에 이른비, 늦은비를 적당한 때에 내리시리니 너희가 곡식과 포도주와 기름을 얻을 것이요(신명기 11:14).

저가 가축을 위한 풀과 사람의 소용을 위한 채소를 자라게 하시며 땅에서 식물이 나게 하시고(시편 104:14).

여호와는 나의 목자시니 내가 부족함이 없으리로다(시편 23:1).

온 우주의 주인 되신 하나님!

온 하늘과 온 땅 가운데서 찬양과 영광을 받으시옵소서. 홀로 찬양 받으시기에 합당하오니 그 이름이 전 세계 가운데서 높임을 받으시옵소서.

저희가 이 땅에서 하나님의 은혜로 이른 비와 늦은 비의 축복(신명기 11:14)을 누리며 한 해를 시작한 지도 벌써 많은 시간이 흘렀나이다. 지금까지 각자의 삶 속에서 생생하게 역사하시고 일하셨던 하나님 아버지께 올해 처음으로 수확하는 열매를 드리는 마음으로 이 자리에 모여 예배를 드립니다.

가축을 위한 풀과 사람을 위한 채소를 자라게 하시고 땅에서 식물이 나게 하시는 이는 주님이시라고 말씀(시편 104:14)하셨기에 과연 모든 것이 주의 것이니 첫 열매 또한 주님께 드리기를 원하나이다.

농부가 사시사철 열심히 일하는 가운데 그 첫 소산을 주님께 드리는 기쁨이 얼마나 크겠습니까? 그 마음과 정성으로 주님께 나아가오니 이 예배 가운데 좌정하셔서 온 맘으로 드리는 찬양과 영광을 받으시옵소서.

깊은 감사로 주님 앞에 서기를 원하나이다. 그 크고 놀라운 주님의 보좌 앞에서 예배하게 하옵시고 주님 얼굴을 보게 하여 주시옵소서. 예배드림이 기쁨 되게 하여 주시옵소서. 주님 한 분만으로 잔이 넘친다는 고백을 하게 하옵소서. 참으로 주님께서 목자가 되심으로 저희에게 부족함이 없음(시편 23:1)을 고백하길 원합니다.

올해도 지금까지 지켜 주시고 믿음이 자라도록 인도해 주신 하나님 아버지!

이후의 시간들에도 지금까지와 같이 인도해 주실 것을 믿습니다.

날마다 주님 앞에 서게 하시며 주님의 얼굴을 뵙게 하시고 매일 기쁘게 순례의 길을 행하게 하옵소서. 참으로 풍랑이 일어도 평강 가운데 넉넉히 이길 믿음을 저희에게 허락해 주실 것을 믿사옵나이다.

모든 감사가 주께만 있사오니 주만 홀로 높임을 받으시옵소서.

이 모든 말씀을 천지의 주관자 되시는 예수 그리스도의 이름으로 기도하옵나이다. 아멘.

광복절 주일 대표기도

우리가 알거니와 하나님을 사랑하는 자 곧 그 뜻대로 부르심을 입은 자들에게는 모든 것이 합력하여 선을 이루느니래(로마서 8:28).

내 이름으로 일컫는 내 백성이 그 악한 길에서 떠나 스스로 겸비하고 기도하여 내 얼굴을 구하면 내가 하늘에서 듣고 그 죄를 사하고 그 땅을 고칠지래(역대하 7:14).

주의 권능의 날에 주의 백성이 거룩한 옷을 입고 즐거이 헌신하니 새벽이슬 같은 주의 청년들이 주께 나오는도다(시편 110:3).

자유와 평화의 근원이 되시는 하나님 아버지!

한 번도 멈춰선 적 없는 역사의 주인되신 하나님께 감사와 찬양과 영광을 돌려드립니다. 세상의 모든 만물이 늘 변하여 이전과 같은 것이 없지만 세상에는 새로운 것 또한 여전히 없나이다. 오직 하나님만이 만세 전부터 동일하시고 변함이 없으시며, 매일매일 새로운 분이십니다. 홀로 영광과 존귀를 받으시옵소서.

오늘 광복절을 기념하는 주일을 맞아 하나님 아버지께 더욱 감사드립니다. 그날 다른 민족의 압박에서 벗어나 우리 민족의 주체성을 되찾고 맘껏 주님을 섬길 수 있도록 역사해주신 하나님의 뜻과 계획에 감사드립니다.

그 세대 가운데서 고통으로 신음하며 드린 기도에 응답하셔서 이스라엘 민족을 애굽에서부터 이끌어 내셨듯이 그 수치와 아픔으로부터 우리 나라를 해방시켜 주신 것을 진심으로 감사드립니다. 그후 하나님은 다른 나라의 10년이 우리에게는 1년이라는 말을 들을 정도로 짧은 시간 안에 비약적인 발전과 경제적인 부흥이라는 넘치는 축복으로 채워주셨습니다.

고난이 있을 때 나중의 영광의 기쁨이 얼마나 더 큰지를 입증하신 하나님의 행사가 얼마나 놀라운지요. 참으로 모든 것을 합력하여 선을 이루시는 하나님(로마서 8:28)을 찬양합니다.

그러나 이스라엘 백성이 애굽을 나와 가나안 땅에서 풍요를 누릴 때 하나님을 수시로 떠나 우상을 섬겼던 것처럼 우리 나라도 우상숭배가 갈수록 팽배해져 가고 있습니다. 또한 갑자기 닥쳐온 경제적 어려움 속에서 물질만능주의와 불신앙이 넘쳐나 하나님 보시기에 합당치 못한 모습들이 많이 있는 것을 회개하옵나이다.

내 백성이 그 악한 길에서 떠나 겸비하여 기도하면 그 땅을 고치겠다(역대하 7:14)고 하신 말씀을 기억하시고 오늘 주께 엎드리오니 저희들의 회개를 받으시옵소서.

교회가 먼저 회개의 무릎을 꿇게 하여 주시옵소서. 교회에서 시작된 회개의 불길이 정치, 사회, 경제 등 나라 전반으로 퍼져나가 놀라운 일을 행하시는 하나님을 경외하는 마음으로 있는 곳에서 충성을 다하게 하옵소서.

황폐한 땅과 같이 메마른 이 나라를 긍휼히 여기시고 다시 부흥의 물결이 일어나게 하시어 진리의 말씀이 이 땅에 온전히 선포되게 하옵소서.

곳곳에 찬양의 노래가 퍼지게 하시고 주의 권능의 날에 주의 백성들이 거룩한 옷을 입고 즐거이 헌신하며 새벽이슬 같은 주의 청년들이 주께 나아오게 하옵소서(시편 110:3).

그날에 광복을 맞이한 감격과도 같은 그 마음과 그 자세로 지금 이 시간 하나님께 모든 것을 드리며 나아가게 하옵소서. 주님의 놀라운 일을 찬양하며 기뻐하며 예수 그리스도께서 오실 길을 예비하는 역사가 이 땅에서 일어나게 하여 주시기를 원하옵나이다.

역사의 주인 되신 하나님 아버지를 찬양하며 이 모든 말씀을 다시 오실 예수님의 이름으로 기도드리옵나이다. 아멘.

내가 간구하는 날에 주께서 응답하시고 내 영혼을 장려하여 강하게 하셨나이다 여호와여 땅의 열왕이 주께 감사할 것은 저희가 주의 입의 말씀을 들음이오며 저희가 여호와의 도를 노래할 것은 여호와의 영광이 크심이니이다(시편 138:3-5).

언제나 변함이 없으신 사랑의 하나님 아버지!

전심으로 주께 감사하며 찬양을 드립니다. 주의 존전에서 경배하며 주의 인자하심과 성실하심을 인하여 주의 이름을 높여 드립니다. 주께서는 말씀으로 저희를 먹이는 분이시며 저희의 간구를 들으시고 응답하는 분이시며 우리의 영혼을 매일 강건케 하시는 분이심을 믿고 찬양을 드립니다(시편 138:3-5). 모든 땅이 여호와의 이름을 부르며 찬양드릴 것이며 주의 말씀을 들으며 새 노래로 그 이름을 송축할 것입니다. 감사와 찬양과 영광을 받으시옵소서.

오늘 우리 민족의 가장 중요한 명절 중 하나인 추석을 맞이하여 새로 거둔 오곡백과로 조상에게 제사하는 모든 이의 정성이 하나님을 향한 경배로 변화되기를 간절히 바라옵니다. 하나님 한 분만이 경배를 받기에 합당한 분이시기 때문입니다.

오랜만에 모인 가족들이 서로 섬기며 화목할 수 있도록 선한 마음을 불어 넣어 주시고 이럴 때일수록 주위를 돌아보는 것을 잊지 말게 하옵소서. 지금 우리 나라에는 실향민들과 소외된 사람들이 여전히 많고 외국인 노동자들도 갈수록 많아지고 있는 형편임을 기억하고 그들을 향해 마음을 열게 하옵소서.

참으로 하나님께서 허락하지 않으시면 쌀 한 톨, 과일 한 개라도 얻을 수 없고 모든 것이 주께로부터 온 것임을 기억하고 기꺼이 나누는 마음 또한 허락하여 주옵소서. 때를 따라 비를 주시고 태양의 숨결로 곡식을 영글게 하시는 분이 하나님이시며 때론 바람으로 천둥 번개로 땅을 더욱 기름지게 하시는 분도 하나님이신 것을 고백드립니다.

저희의 삶에도 동일하게 역사하셔서서 늘 햇빛만 받게 하지 않으시고 혹 저희가 힘들지라도 비와 눈보라도 내리시며 천둥과 번개도 일어나게 하심을 인해 감사드립니다. 역경을 통해 우리가 더욱 강건케 됨을 믿기 때문입니다. 어제보다 오늘이, 오늘보다 내일이 더 큰 희망으로 다가오는 유일한 이유는 주님께서 살아계셔서 우리 삶의 모든 순간순간을 다 인도하시고 결국에는 가장 최선으로 이끄실 것을 믿기 때문입니다.

높이 계셔도 낮은 자를 하감하시며 멀리서도 교만한 자를 아시는 주님, 우리가 환난 중에 있을지라도 우리를 소성케 하시고, 주의 손을 펴사 원수의 손아귀에서 이끌어 내시옵소서. 전능하신 주님의 오른손이 우리를 구원하실 것을 믿습니다.

또한 주께서 우리와 관계된 모든 것을 완전케 하실 것을 아는 것은 주의 인자하심이 영원하시며 주의 손으로 지으신 것을 버리지 않을 줄을 믿기 때문입니다(시편 138:6-9).

모든 감사와 찬양, 경배를 올려드리며 이 모든 말씀을 예수 그리스
도의 이름으로 기도하옵나이다. 아멘.

여호와께서 예루살렘을 세우시며 이스라엘의 흩어진 자를 모으시며 상심한 자를 고치시며 저희 상처를 싸매시는도다 저가 별의 수효를 계수하시고 저희를 다 이름대로 부르시는도다 우리 주는 광대하시며 능력이 많으시며 그 지혜가 무궁하시도다 여호와께서 겸손한 자는 붙드시고 악인은 땅에 엎드러뜨리시는도다 감사함으로 여호와께 노래하며 수금으로 하나님께 찬양할지어다 저가 구름으로 하늘을 덮으시며 땅을 위하여 비를 예비하시며 산에 풀이 자라게 하시며 들짐승과 우는 까마귀 새끼에게 먹을 것을 주시는도다 여호와는 말의 힘을 즐거워 아니하시며 사람의 다리도 기뻐 아니하시고 자기를 경외하는 자와 그 인자하심을 바라는 자들을 기뻐하시는도다 예루살렘아 여호와를 찬송할지어다 시온아 네 하나님을 찬양할지어다 저가 네 문빗장을 견고히 하시고 너의 가운데 자녀에게 복을 주셨으며(시편 147:2-13).

우리의 씨름은 혈과 육에 대한 것이 아니요 정사와 권세와 이 어두움의 세상 주관자들과 하늘에 있는 악의 영들에게 대함이라(에베소서 6:12).

할렐루야! 사랑과 은혜가 충만하신 하나님 아버지께 감사와 찬양을 드립니다. 하나님께서 이 땅 가운데 교회를 세우시고 사랑하는 자들을 모으시고 상심한 자를 고치시며 상처를 싸매어 주심을 인해 감사드립니다. 하나님께서 우리 한 사람 한 사람을 잊지 않으시고 이름을 불러 주시는 것으로 인해 찬양을 드립니다. 주만이 광대한 분이시며 능력과 지혜가 무궁하신 분이심으로 저희가 감사함으로 노래하며 목소리 높여 주의 이름을 부르기 원하나이다. 이 시간 이곳에 임재하셔서 저희의 예배를 받으시옵소서.

하나님께서는 구름으로 하늘을 덮으시며 땅을 위하여 비를 예비하시며 산에 풀이 자라게 하시며 들짐승과 우는 까마귀 새끼에게도 먹을 것을 주는 분이시며 연약한 인생들에게 때를 따라 은혜를 베푸시는 분이심을 알기에 더욱 찬양을 드립니다.

그 은혜로 저희를 부르시고 날마다 입혀 주시는 하나님!

주께서는 말의 힘을 즐거워하지 않으시고 사람의 다리도 기뻐하지 않으시며 오직 주님을 경외하는 자와 그 인자하심을 바라는 자들을 기뻐한다고 말씀하셨나이다. 그러므로 오늘 저희가 한 마음으로 주를 경외하고 영원한 주의 인자하심을 갈망할 때에 저희에게 새 영을 부어주사 더욱 주님을 높이게 하옵소서.

하나님께서 저희의 문빗장을 견고히 하시고 저희 자녀에게 복을 주셨으며 저희의 거처가 평안케 하시고 매일 필요한 양식으로 채우시니(시편 147:2-13) 주의 은혜가 얼마나 놀랍고 큰지요. 주께 한없는 감사를 드립니다.

또한 추수가 있기까지 주께서 넘치도록 돌보아 주심을 인해 감사드리며 저희 삶 가운데서도 정한 때가 되면 열매를 맺을 수 있도록 매일매일 주의 은혜로 채워 주실 것을 믿습니다. 우리의 마음 밭이 씨를 뿌리고 가꾸는 농부의 노력과 날씨에 따라 정직하게 열매를 맺는 땅과 같게 하여 주셔서 주님께서 심고 거두기에 합당한 자들이 될 수 있도록 저희의 마음을 겸손하고 투명하게 하옵소서.

이제, 주의 말씀을 우리에게 보이시고 주의 율례를 가르쳐 주옵소서. 주의 말씀으로 저희 영혼을 소생시켜 주옵시고 생수를 매일 공급해 주셔서 험난한 세월을 잘 견딘 야곱처럼 잘 견디고 이기게 하옵소서. 우리의 씨름은 혈과 육에 대한 것이 아니요 정사와 권세와 이 어두움의 세상 주관자들과 하늘에 있는 악의 영들에 대함(에베소서 6:12)이라고 말씀하셨사오니 하나님의 전신갑주를 입어 능히 대적하게 하옵소서.

모든 권세가 주님께 있음을 고백드립니다. 오늘 예배의 모든 순서 가운데 홀로 영광을 받으시고 찬양을 받으시옵소서.

오직 주의 이름을 높이며 예수 그리스도의 이름으로 감사하며 기도드리옵나이다. 아멘.

이 모든 날 마지막에 아들로 우리에게 말씀하셨으니 이 아들을 만유의 후사로 세우시고 또 저로 말미암아 모든 세계를 지으셨느니라 이는 하나님의 영광의 광채시요 그 본체의 형상이시라 그의 능력의 말씀으로 만물을 붙드시며 죄를 정결케 하는 일을 하시고 높은 곳에 계신 위엄의 우편에 앉으셨느니라(히브리서 1:2-3).

사랑과 구원의 하나님 아버지!

천지를 친히 창조하시고 인간에게 가장 알맞은 환경을 주시며 생육하고 번성하도록 축복하신 하나님 아버지께 감사드립니다. 또한 모든 세계를 예수님을 통해 지으시고 아들 독생자를 만유의 후사로 세우신 하나님을 찬양하나이다.

예수 그리스도는 하나님의 영광의 광채시고 그 본체의 형상이시며 그의 능력의 말씀으로 만물을 붙드시고 죄를 정결케 하는 일을 하시며 높은 곳에 계신 위엄의 우편에 앉아 계신 분이심(히브리서 1:2-3)을 고백드립니다. 그토록 놀라우신 예수님께서 친히 이 땅에 오신 것을 기념하는 성탄절을 맞이하여 세상의 모든 족속과 방언과 나라와 민족들 가운데서와 하나님의 천사들 가운데서 경배를 받으시길 기도하나이다.

2000여 년 전 그날 온 땅과 하늘 가운데서 드려졌던 그 경배가 오늘 이 시간도 동일하게 드려지기를 원하옵니다. 매해 치루는 하나의 행사에 끝나는 성탄이 되지 않게 도와주시옵소서. 지금도 하나님 우편에 앉으신 살아계시는 예수님께 합당한 경배와 찬양을 드림으로 충만한 기쁨을 누리게 하옵소서.

세상 모든 민족이 구원을 얻기까지 쉬지 않고 중보하시는 그 은혜에 지극한 감사를 드리게 하옵소서. 위엄과 존귀로 관을 쓰신 어린양, 이 세상의 죄를 대속하기 위해 속죄양으로 오셨던 참된 의미가 각 교회마다 새롭게 되살아나는 역사가 있게 하옵소서.

말로 다할 수 없는 우리를 향한 지극한 주님의 사랑을 되새기며 첫사랑의 감격을 회복하게 하옵소서. 무디어진 마음을 그 보혈의 공로로 정결케 하옵시고 메마른 땅에 촉촉한 비를 내리시듯 저희의 메마른 마음을 적셔 주옵소서. 주님을 향해 다시 서는 시간이 되게 하시며 주의 존전에서 예배드림의 기쁨을 회복시켜 주옵소서.

우리 마음에 새로운 영을 창조하여 사원하는 맘으로 주께 나가게 하시고 기도의 불씨를 다시 일으키사 찬양과 부흥의 역사가 먼저 제 자신에게서 일어나게 하옵소서. 이것이 불씨가 되어 저희 교회를 비롯하여 우리 나라 방방곡곡의 교회들과, 나아가서는 세계에 성령의 역사가 불일 듯 일어나게 하옵소서.

그날에 주의 영이 임하여 큰 부흥이 온 땅 위에 일어나리라고 약속하신 말씀을 다시 이루심으로 열방과 세계 가운데서 주만 높임을 받으시기를 간절히 간구하옵니다.

모든 민족과 방언들 가운데 홀로 영광과 존귀를 받으실 그날에 증인으로 서기를 간구하오며 이 모든 말씀을 2000년 전 우리를 구원하시기 위해 이 땅에 오셨던 예수님의 귀하신 이름으로 기도드리옵나이다. 아멘.

가난한 자를 구제하는 자는 궁핍하지 아니 하려니와 못본 체 하는 자에게는 저주가 많으니라(잠언 28:27).

학대 받은 자로 부끄러이 돌아가게 마시고 가난한 자와 궁핍한 자로 주의 이름을 찬송케 하옵소서(시편 74:21).

긍휼과 자비가 풍성하신 하나님 아버지! 영광과 찬양을 받으시옵소서. 온 땅을 축복하기를 기뻐하시는 하나님께서 온 천지 만물을 인간을 위해 허락하셨음으로 인해 감사와 영광을 돌려드립니다.

오늘 하나님의 은혜 가운데 이 민족과 전 세계에서 가난과 질병으로 신음하고 있는 사람들을 기억하기 원하나이다. 또한 식량이 부족하여 기아에 허덕이는 많은 지역들을 기억하기 원하옵니다.

주께서 잠언에 "가난한 자를 구제하는 자는 궁핍하지 아니 하려니와 못본 체 하는 자에게는 저주가 많다"(잠언 28:27)고 말씀하셨음을 기억합니다.

그러나 저주를 받을까 두려워서가 아니라 주께서 저희에게 허락하신 축복이 너무 크고 감사하여 기쁨으로 나누는 삶이 되게 하옵소서. 또한 "학대 받은 자로 부끄러이 돌아가게 마시고 가난한 자와 궁핍한 자로 주의 이름을 찬송케 하소서"(시편 74:21)라는 시편 기자의 고백을 기억하오니 참으로 이 말씀이 전 세계의 궁핍하고 힘든 이들에게 이루어지기를 간구하옵나이다.

한국의 교회가 구제하고 봉사하는 일에 관심을 더욱 갖게 하시고 미 자립한 교회들에게도 도움의 손길을 펼 수 있도록 하옵소서. 또한 "네 이웃을 내 몸과 같이 사랑하라"고 하신 말씀에 따라 가까이 있는 어려운 이들을 향한 마음을 간절하게 하시고 기꺼이 나눌 수 있는 환경을 열어 주옵소서.

항상 퍼주어도 모자람이 없게 하시고 기쁨과 즐거움이 충만하게 하옵시고 받는 이들 또한 주께서 주신 것으로 알고 감사함으로 받게 하시며 결국에는 나눌 수 있는 환경으로 인도하여 주옵소서. 누구든지 주의 앞에서 부끄러움이 없도록 최선을 다해 살게 하시고 최고의 결과로 인도해 주시옵소서.

감사와 찬양을 주님께 올려 드리며 예수 그리스도의 이름으로 기도드리옵나이다. 아멘.

나는 시온의 공의가 빛같이, 예루살렘의 구원이 횃불같이 나타나도록 시온을 위하여 잠잠하지 아니하며 예루살렘을 위하여 쉬지 아니할 것인즉(이사야 62:1).

이르시기를 너희는 가만히 있어 내가 하나님 됨을 알지어다 내가 열방과 세계 중에서 높임을 받으리라 하시도다(시편 46:10).

예루살렘이여 내가 너의 성벽 위에 파숫군을 세우고 그들로 종일 종야에 잠잠치 않게 하였느니라 너희 여호와로 기억하시게 하는 자들아 너희는 쉬지 말며 또 여호와께서 예루살렘을 세워 세상에서 찬송을 받게 하시기까지 그로 쉬지 못하시게 하라(이사야 62:6-7).

"시온의 공의가 빛같이, 예루살렘의 구원이 횃불같이 나타나도록 시온을 위하여 잠잠하지 아니하며 예루살렘을 위하여 쉬지 아니하시겠다"(이사야 62:1)고 말씀하신 하나님 아버지, 주의 놀라운 행하심이 모든 나라와 족속과 열방 가운데서 영광을 받으시옵소서.

또한 "너희는 가만히 있어 내가 하나님 됨을 알지어다 내가 열방과 세계 중에서 높임을 받으리라"(시편 46:10)고 하신 여호와 하나님, 참으로 그 일이 속히 이루어지기를 간구하나이다. 주의 영광이 하늘 위에 높고 주의 찬송이 세계 끝까지 울려 퍼지는 그날을 기대하며 간구하옵니다. 이를 위해 주께서 성벽 위에 세운 파숫군들이 종일 종야에 잠잠치 않게 하시고 여호와로 기억하시게 하는 자들이 깨어 있도록 (이사야 62:6) 주의 성령으로 함께하여 주옵소서.

주님과 처음 만났던 그 감격을 다시 회복시켜 주옵소서. 그때 온 맘으로 드렸던 헌신을 기억나게 하셔서 주님을 향한 열정이 불일 듯 일어나게 하옵소서. 외치는 자 없이 어찌 세계가 들을 수 있으며 전하는 발걸음이 없이 어찌 복음의 파도가 일렁이겠나이까?

주여! 주의 복음이 땅끝까지 전해지는 그날 주께서 다시 오신다고 하셨음을 기억합니다. 저희로 하여금 주의 오실 길을 예비할 수 있도록 복음의 길을 열어 주시고, 세계에 선교의 불길을 다시 일으킬 수 있도록 성령으로 충만케 하옵소서. 아직도 복음을 들어보지도 못한 수많은 종족에게로 나아가게 하시고 이미 복음이 전파되었지만 미비하기 그지없는 땅으로 주의 사랑을 안고 가게 하옵소서.

이 시대의 교회들이 선교의 재정을 아끼지 말게 하옵시고 베풀고 나누는 자에게 더하시는 하나님의 축복을 누리게 하옵소서. 또한 주위를 돌아보게 하시고 있는 곳에서 먼저 예수님의 향기를 품어내는 선한 그리스도인으로서 살 수 있도록 저희 눈을 열어 주옵소서.

참으로 저희가 서 있는 그 땅이 선교지임을 알게 하사 어느 곳에 있든지 먼저 주님의 나라와 주님의 의를 구할 수 있기를 간절히 바라옵니다.

주께서 행하실 일들을 기대하고 찬양하오며 그날에 재림의 주로 다시 오실 예수님의 귀하신 이름으로 기도하옵나이다. 아멘.

성례식주일 대표기도

예수께서 나아와 일러 가라사대 하늘과 땅의 모든 권세를 내게 주셨으니 그러므로 너희는 가서 모든 족속으로 제자를 삼아 아버지와 아들과 성령의 이름으로 세례를 주고 내가 너희에게 분부한 모든 것을 가르쳐 지키게 하라(마태복음 28:18-20).

온 역사의 주인이시며 한시도 멈춰 서지 않으시는 하나님!

온 땅 가운데서 영광과 존귀를 받으시옵소서. 홀로 찬양을 받으시고 경배를 받으시옵소서.

오늘 주의 말씀을 따라 주께서 명령하신 대로 주를 사랑하고 주와 언약하기를 기뻐하는 형제자매들의 세례식을 행하고자 합니다. 주께서 영광 가운데 주의 성령으로 임하여 주옵소서. 각 사람의 마음을 예수님의 귀하신 보혈로 정결케 하옵시고, 이제는 세상의 법도가 아니라 하나님의 법을 따라 살 수 있도록 예수님의 이름으로 이마에 인을 쳐 주시기를 간구하옵나이다.

세례를 받는 이들을 주께서 깊이 만져 주시고 그 영혼을 새롭게 하옵소서. 앞으로 더욱 주님을 알아가게 하시되 날마다 주님과 동행하는 기쁨을 누리며 살아가게 하시고, 지금 가진 이 마음으로 평생 주님을 섬기며 살 수 있도록 축복하여 주시옵소서.

살아가면서 어려운 일들을 많이 겪을 것이며 때로는 시험에 빠질 때도 있겠사오나 넉넉히 이길 힘을 주시고 고난으로 연단받는 것을 기쁨으로 잘 감당하게 하시며 정금과 같은 하나님의 귀한 자녀가 되게 하여 주옵소서.

또한 세례식을 지켜 보는 이들에게도 함께하여 주셔서 마음을 새롭게 하여 처음 가졌던 그 열정과 감격을 회복하는 시간이 되도록 축복하여 주옵소서.

이 예배 가운데 주인이시며 모든 일에 으뜸이 되시고 처음과 나중 되신 예수님의 거룩한 이름을 찬양하오며 그 이름을 의지하여 기도하옵나이다. 아멘.

말씀이 육신이 되어 우리 가운데 거하시매 우리가 그 영광을 보니 아버지의 독생자의 영광이요 은혜와 진리가 충만하더라(요한복음 1:14).

하나님의 말씀은 살았고 운동력이 있어 좌우에 날선 어떤 검보다도 예리하여 혼과 영과 및 관절과 골수를 찔러 쪼개기까지 하며 또 마음과 생각과 뜻을 감찰하나니(히브리서 4:12).

말씀으로 천지를 창조하시고 보시기에 심히 기뻐하셨던 하나님 아버지!

태초부터 말씀이 하나님과 함께 있었고 그 말씀이 육신이 되어 우리 가운데 거하신 예수님으로 인해 감사와 찬양과 영광을 돌려 드립니다. 예수님의 그 영광은 아버지의 독생자의 영광이요 은혜와 진리가 충만(요한복음 1:14)하오니 홀로 찬양을 받으시옵소서.

말씀을 우리에게 주신 하나님 아버지!

"말씀은 살았고 운동력이 있어 좌우에 날선 어떤 검보다 예리하여 혼과 영과 및 관절과 골수를 찔러 쪼개기까지 한다"고 하셨으니 생생한 주의 말씀이 우리 삶의 인도자가 되게 하여 주옵소서. 또한 말씀이 능히 마음의 생각과 뜻을 감찰한다(히브리서 4:12)고 하셨사오니 우리의 마음을 감찰하사 새롭게 하여 주시옵소서.

말씀이 곧 예수님이시므로 우리가 말씀을 먹고 마시는 것이 곧 예수님의 살과 피를 먹고 마시는 것임을 믿습니다. 우리가 날마다 말씀을 먹고 마셔 우리 몸과 마음이 예수 그리스도의 살과 피로 온전히 바뀌게 하여 주시옵소서. 그러므로 우리의 모든 생각과 행동이 주께로부터 비롯될 수 있도록 축복하여 주시옵소서.

주께서 주의 복음과 사랑을 전하시기 위해서 이 땅에 교회들을 세워 주셨사오니 온 교회가 주의 말씀의 터 위에 굳건히 서게 하시고 주께서 함께하심으로 주의 복음을 땅끝까지 전하는 데 앞장 서는 교회들이 되게 역사하여 주옵소서.

전 세계에서 말씀을 선포하는 주의 종들에게 주의 성령으로 함께하셔서 주의 명철과 지혜로 말씀을 깨닫고 전하게 하여 주시기를 간구합니다.

또한 오늘도 이국 땅에서 눈물을 흘리며 기도하며 통회하는 마음으로 사역하는 선교사들에게 축복하여 주시고 먼저 말씀과 기도 가운데 굳건히 서 있게 하시사 그 빛으로 사역지의 사람들을 사랑으로 섬기게 하옵소서.

온 땅 위에 주의 말씀이 선포되어 주께서 영광을 받으실 그날까지, 주의 성도들이 쉬지 않고 기도하며 말씀을 듣고 전하기를 간구하오며 예수님의 거룩하신 이름 받들어 기도하옵나이다. 아멘.

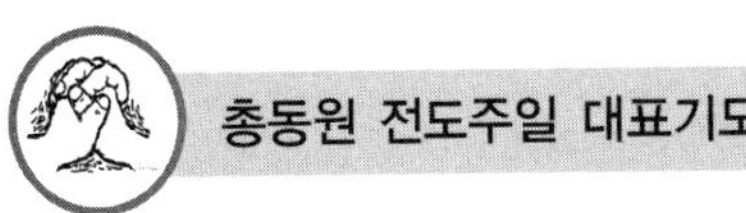

총동원 전도주일 대표기도

한 영혼을 천하보다 귀히 여기시는 하나님 아버지!

감사와 찬양과 영광을 받으시옵소서. 모든 민족에게 그 영광을 나타내시고 모든 열방에게 주의 선하심을 알리시어 오늘날 전 세계 오대양 육대주 가운데 주 한 분만이 영광과 존귀를 받으시기에 합당하신 분임을 알게 하옵소서.

하늘의 천군천사들도 주의 이름을 찬양하며 그 거룩한 이름 앞에 무릎 꿇어 경배하게 하시고, 오늘 거룩한 예배를 구별하여 드리기 원하는 주의 백성들도 주의 앞에 찬양하게 하옵소서.

오늘 총동원 전도주일을 맞이하여 주께서 만세 전부터 택정하셨으나 잃어버린바 되었던 하나님의 자녀들을 불러 주심을 인해 감사드립니다. 주의 선하심은 모든 사람이 구원받기를 원하심이오니 이 자리에 나온 영혼들을 회복시켜 주시고, 오늘뿐만 아니라 저희 삶 전반에서 늘 잃어버린 영혼을 향한 주님의 마음을 품고 살아가게 하옵소서.

새로이 주님 앞으로 나아온 하나님의 귀한 자녀들에게 주께서 친히 안수하여 주시고 주의 성령으로 임재하여 주셔서 그 마음으로부터 살아계신 사랑의 하나님 아버지를 만나는 역사가 일어나게 하옵소서. 또한 이분들이 예수 그리스도의 십자가의 의미를 깊이 깨달아 알게 하실 뿐 아니라 성령님의 감화와 감동 속에 살아갈 수 있도록 축복하여 주옵소서.

그 삶의 모습이 어떠하든지 주님이 소중하고 필요함을 알게 하시고 각자의 생활 속에서 지극히 선하시고 자비하신 주님을 생생히 만나는 축복을 허락하여 주시옵소서.

각 사람의 필요를 따라 채우시되 그 무엇보다 아버지와 만나는 즐거움을 알게 하시고 말씀과 기도로 전진하게 하옵소서.

본디 씨를 뿌리고 물을 주는 것은 농부이오나 자라게 하시는 이는 주님이시니, 오늘 새롭게 주님 앞에 나아온 천하보다 귀한 한 사람 한 사람을 기억하여 주셔서 그들 삶을 통해 주께 영광을 돌릴 수 있도록 주님의 능력으로 양육하여 주시옵소서.

매일 송이꿀보다 달고 오묘한 주의 말씀을 들려주시고 골방에서 드리는 기도를 통해 깊이 주님과 만나게 하사 예배드리는 기쁨을 날마다 경험하는 귀한 주의 자녀가 되게 하옵소서.

주께서 피로 사셔서 나라와 제사장으로 삼아주신 이들을 통해 영광 받으실 주님을 찬양하오며 예수님의 놀라운 이름 받들어 기도하옵니다. 아멘.

1) 특별예배

교회 설립주일예배 대표기도

찬양과 존귀를 받으시기 합당하신 하나님 아버지!

이 시간 경배를 받으시옵소서. 또한 모든 교회의 머리 되신 예수님의 귀하고 높으신 이름을 찬양하옵니다.

각 교회가 다 주의 안에서 깊은 뜻 가운데 이루어진 것일진대 특별히 우리 교회를 ○년 전에 이곳에 세워 주시고 인도해 주신 것을 인해 감사드립니다.

오늘 교회 설립주일을 맞이하여 하나님의 귀한 섭리를 깊이 깨닫기를 원하나이다. 세상의 모든 것이 주의 주권과 권능 가운데 있음을 선포하며 저희 교회를 세우심 또한 하나님의 귀한 권능과 은혜임을 믿습니다. 이 교회가 하나님의 인도하심 가운데 맡겨 주신 사명을 기쁨으로 감당하며 오늘날까지 주님의 몸된 이 교회를 위해 헌신하며 충성을 다해 섬겼던 주의 종들의 노고를 위로하시고 축복하여 주시옵소서.

앞으로 이 교회가 주님께서 더 풍성하게 부으시는 성령의 역사를 누리기를 원하옵고, 먼저 그의 나라와 의를 구하며 주님의 증인으로 살아 움직이는 교회가 되기를 간구하옵니다. 말씀과 기도로 더 부흥하는 교회가 되게 하시고 우리끼리 즐겁게 잘사는 것이 아니라 밖으로 나가 세상 가운데서 빛으로 소금으로 살게 하옵소서.

전도의 문을 열어 주시고 주님을 아는 기쁨을 전하는 데 더 열심을 낼 수 있도록 인도하옵시며 또한 세계를 향한 선교도 잊지 않게 하여 주옵소서.

주께서 부르신 사역자들에게 말씀과 기도의 권세를 강력히 더하시고 깊은 성령의 감동 감화로 말씀을 선포하게 하옵소서. 골방에서 드리는 중보의 기도를 중요하게 여기게 하사 늘 무릎 꿇는 사역자가 되도록 축복하여 주시기를 간구합니다.

또한 주께서 구별하여 세우신 직분자들과 각 기관에게 축복하사 주님의 말씀으로 충만케 하시고 매일 주님과 동행하는 기쁨을 누리게 하옵소서. 영혼을 귀하게 여기는 마음을 허락해 주셔서 전도에 힘쓰게 하사 날마다 차고 넘치는 기관들이 되게 축복하옵소서.

또한 함께 예배하는 기쁨을 위해 부르신 성도 한 사람 한 사람을 기억하시고 가장 필요한 것으로 채우시되 교회에서 기둥과 같은 사람들이 되게 축복하여 주시옵소서.

주님께서 이 예배 가운데 홀로 영광과 찬양을 받으시기를 간구하오며 예수 그리스도의 높으신 이름으로 기도하옵나이다. 아멘.

우리 하나님 여호와여 우리가 주의 거룩한 이름을 위하여 전을 건축하려고 미리 저축한 이 모든 물건이 다 주의 손에서 왔사오니 다 주의 것이니이다(역대상 29:16).

내게 줄로 재어 준 구역은 아름다운 곳에 있음이여 나의 기업이 실로 아름답도다(시편 16:6).

전지전능하시고 무소부재하신 하나님 아버지!

주의 영광이 온 하늘과 온 땅 위에 충만하오니 홀로 경배를 받으시옵소서.

오늘 주께서 우리에게 줄로 재어 준 구역은 아름다운 곳에 있고 그 기업이 실로 아름다운(시편 16:6) 것을 고백드리나이다. 주의 은혜가 얼마나 크고 놀라운지요.

이 시간, 다윗이 성전을 건축하려 했으나 그 손에 흘린 피로 말미암아 건축자재를 예비하고도 건축은 솔로몬이 했던 것을 기억할 때 저희에게 이러한 기회를 허락해 주신 하나님의 지극한 긍휼에 감사드리지 않을 수 없습니다. 참으로 저희가 주의 성전을 건축하는 데 합당하지 않으나 오직 주께서 주의 긍휼과 자비하심으로 저희에게 허락하신 것임을 믿고 감사와 찬송을 드리나이다. 오직 주님께서 영광을 받으시옵소서.

이제 모든 성도들이 한마음이 되어 하나님의 인도하심 가운데 건축을 시작하려고 합니다. 앞으로 진행되는 모든 과정 중에 주님께서 함께하여 주셔서 무엇보다 안전사고가 일어나지 않도록 지켜 주시고 이웃과 마찰이 일어나지 않는 가운데 은혜중에 진행할 수 있도록 역사하여 주시옵소서.

하나님 아버지께서 허락하여 시작한 일이오니 헌당예배를 드리는 그날까지 친히 공사의 감독자가 되어 주시옵소서. 교회 건축을 담당하고 있는 모든 사람들이 주의 은혜 가운데 별탈없이 끝까지 충성, 봉사할 수 있도록 날마다 새 힘을 공급하여 주시옵소서. 어떤 상황일지라도 그들이 짓는 것이 주의 교회임을 기억하고 기도하는 맘으로 최선을 다하게 하옵소서.

교회를 건축하는 것이 단지 건물을 짓는 데 있지 않으며 모든 과정이 합하여 주의 몸을 세우는 것임을 깨닫고 온 성도가 한 마음이 되어 기쁨으로 섬기며 동참하게 하옵소서. 그러기 위해 사단이 우리 가운데 분열을 일으키지 않도록 완성하는 끝까지 기도와 금식을 쉬지 않도록 힘 주시옵소서. 또한 재정적으로 어렵지 않도록 각 성도들의 형편을 살펴 주시기를 간절히 기도드립니다.

주께서 이 교회를 통하여 영광을 받으시기를 간구하오며 예수 그리스도의 이름으로 기도하옵나이다. 아멘.

가로되 이스라엘의 하나님 여호와여 상천하지에 주와 같은 신이 없나이다 주께서는 온 마음으로 주의 앞에서 행하는 종들에게 언약을 지키시고 은혜를 베푸시나이다 주께서 주의 종 내 아비 다윗에게 허하신 말씀을 지키사 주의 입으로 말씀하신 것을 손으로 이루심이 오늘날과 같으니이다 …… 하나님이 참으로 땅에 거하시리이까 하늘과 하늘들의 하늘이라도 주를 용납지 못하겠거든 하물며 내가 건축한 이 전이오리이까 그러나 나의 하나님 여호와여 종의 기도와 간구를 돌아보시며 종이 오늘날 주의 앞에서 부르짖음과 비는 기도를 들으시옵소서 주께서 전에 말씀하시기를 내 이름이 거기 있으리라 하신 곳 이 전을 향하여 주의 눈이 주야로 보옵시며 종이 이곳을 향하여 비는 기도를 들으시옵소서 종과 주의 백성 이스라엘이 이곳을 향하여 기도할 때에 주는 그 간구함을 들으시되 주의 계신 곳 하늘에서 들으시고 들으시사 사하여 주옵소서(열왕기상 8:23-30).

온 땅 가운데 살아계신 하나님 아버지!

주의 거룩함을 찬양하며 경배하오니 존귀와 영광을 받으시옵소서. 주의 말씀이 모든 교회의 반석임을 고백하오며 주의 은혜를 날마다 저희 가운데 쏟아 부어주심을 감사드리나이다. 오늘 주께서 그 터 위에 세워 주신 이 교회를 통하여 영광을 받으시고 주의 존귀한 이름이 홀로 높임을 받으시옵소서.

찬양 가운데 거하시는 하나님께서 베푸신 놀라운 은혜를 저희들이 다 모여 찬양하기 원하나이다. 기공예배를 드리고 시작한 그날부터 마치기까지 주께서 한시도 쉬지 않으시고 저희와 함께하심을 감사드립니다. 저희가 무엇이관대 주께서 우리를 그렇게 생각하시는 지 감사와 찬양을 드릴 따름이나이다.

모든 수고한 손길 위에 주께서 축복으로 함께하시고 이 일을 위해 넘치도록 헌금한 성도들을 기억하여 주시사 그들의 삶 가운데 주께서 주시는 평안이 날마다 넘치어 풍성하게 하옵소서.

준공을 기념하여 솔로몬이 드렸던 기도로 주께 영광 돌리기를 원하나이다.

상천하지에 홀로 계신 주님!

온 마음으로 주를 찾는 자들의 기도를 들으시고 응답하시는 주께 감사와 영광을 돌립니다. 주님은 말씀을 지키사 주의 입으로 말씀하신 것을 손으로 이루시는 신실하신 분이십니다.

하늘과 하늘들의 하늘이라도 주를 용납지 못하지만 우리가 이곳에 모일 때 임재하여 주시옵소서. 여호와 하나님, 우리의 기도와 간구를 돌아보시며 오늘날 주의 앞에서 부르짖는 소리와 비는 기도를 들으시옵소서. 주의 눈이 이 성전을 주야로 떠나지 않게 하여 주시며, 우리가 주님 계신 곳을 항상 기쁨과 기대함으로 찾게 하여 주시옵소서.

우리가 항상 한 마음과 한 뜻으로 주님 앞에 무릎 꿇을 수 있도록 성령님께서 도와주시며, 오직 주께만 영광돌리는 교회되게 하여주옵소서. 문이 높은 교회가 아니라 낮은 교회되어 세상을 품으며 주님의 사랑을 실천하는 교회되길 간절히 기도드립니다.

주께서 솔로몬의 기도를 들으시고 영광으로 임재하셨던 것같이 저희에게도 임하실 것을 믿고 감사드리오며 예수 그리스도의 귀하신 이름 받들어 기도하옵나이다. 아멘.

말씀으로 여는 대표기도문 | **내가 쓰는 대표기도**

교회봉헌예배 대표기도

여호와여 주의 장막에 유할 자 누구오며 주의 성산에 거할 자 누구오니이까 정직하게 행하며 공의를 일삼으며 그 마음에 진실을 말하며 그 혀로 참소치 아니하고 그 벗에게 행악지 아니하며 그 이웃을 훼방치 아니하며 그 눈은 망령된 자를 멸시하며 여호와를 두려워하는 자를 존대하며 그 마음에 서원한 것은 해로울지라도 변치 아니하며 변리로 대금치 아니하며 뇌물을 받고 무죄한 자를 해치 아니하는 자니 이런 일을 행하는 자는 영영히 요동치 아니하리이다(시 15:1-5).

온 천지 만물 가운데 영광을 받으시기에 합당하신 하나님 아버지!

이제 저희가 주의 전에서 드리는 찬양과 경배를 받으시옵소서. 이곳에 하나님의 교회를 건축하게 하시고 아버지께 찬양과 예배를 드리게 하시니 온 마음을 다해 감사를 드리나이다.

이 교회를 하나님께 즐거이 봉헌하오니 하나님이 성령 안에서 기뻐하시는 뜻을 알게 되는 귀한 터전이 되게 하옵소서. 주의 귀한 말씀을 선포하여 주시고 모일 때마다 은혜가 넘치며 성령으로 충만하게 하옵소서. 주님의 이름을 높이 부르게 하시고 주님께 진실함으로 나아가 모든 것을 드리는 귀한 교회가 되게 하옵소서. 주의 앞에 나오는 누구든 새 힘을 얻게 하시고 치유함을 입으며 위로와 격려를 누리는 교회가 되게 하여 주옵소서.

이 교회를 봉헌하기까지 수고한 모든 손길을 기억하여 주시며 그들에게 하늘의 신령한 축복으로 넘치도록 갚아 주시옵소서.

예배마다 주의 성령이 함께하므로 믿지 않던 자들이 주께 돌아오는 역사가 일어나게 하시고 주의 자녀들은 생수와 생기로 충만하며 주님께 즐거이 헌신하는 무리들이 날마다 더하게 하옵소서. 주님의 기쁨이 저희의 기쁨이 되게 하시며 진정 주께서 받으시기에 합당한 교회가 되도록 저희를 매순간 정결케 하여 주옵소서.

아직도 주를 모르는 많은 민족과 나라를 위한 기도를 게을리 하지 않게 하시고 하나님의 마음을 품고 늘 기도하게 하옵소서. 주의 영광이 온 땅 가운데 충만한 그날이 이르기까지 주께서 쉬지 않으시므로 저희들 또한 쉬지 않고 기도하며 힘써 일하기를 원하나이다.

이 교회를 봉헌하도록 인도하신 주님께 모든 감사를 돌려드리며 이 모든 일을 통해 주님 홀로 영광과 찬양을 받으시기를 간구하옵고 예수 그리스도의 귀하신 이름 받들어 기도드리옵나이다. 아멘.

원컨대 주는 하늘을 가르고 강림하시고 주의 앞에서 산들로 진동하기를 불이 섶을 사르며 불이 물을 끓임 같게 하사 주의 대적으로 주의 이름을 알게 하시며 열방으로 주의 앞에서 떨게 하옵소서(이사야 64:1-2).

그 잃어버린 자를 내가 찾으며 쫓긴 자를 내가 돌아 오게 하며 상한 자를 내가 싸매어 주며 병든 자를 내가 강하게 하려니와 살진 자와 강한 자는 내가 멸하고 공의대로 그것들을 먹이리라(에스겔 34:16).

그 후에 내가 내 신을 만민에게 부어주리니 너희 자녀들이 장래 일을 말할 것이며 너희 늙은이는 꿈을 꾸며 너희 젊은이는 이상을 볼 것이며 그 때에 내가 또 내 신으로 남종과 여종에게 부어 줄 것이며(요엘 2:28-29).

대저 물이 바다를 덮음 같이 여호와의 영광을 인정하는 것이 세상에 가득하리라(하박국 2:14).

사랑과 은혜가 충만하신 하나님 아버지!

주의 거룩한 이름을 찬양하나이다. 그 이름이 온 땅 위에 높임을 받으시고 영광을 받으시옵소서.

오늘 주님의 은혜와 자비로 베풀어 주신 부흥집회의 시간에 원컨대 주는 하늘을 가르고 강림하시고 주의 앞에서 산들로 진동하기를 불이 섶을 사르며 불이 물을 끓임 같게 하사 주의 대적으로 주의 이름을 알게 하시며 열방으로 주의 앞에서 떨게 하옵소서(이사야 64:1-2).

주의 귀한 성령을 충만하게 부어 주셔서 주의 잃어버린 자를 찾으며 쫓긴 자를 돌아오게 하며 상한 자를 싸매어 주며 병든 자를 강하게 하신다(에스겔 34:16)고 하신 말씀을 이 시간에 이루어 주시옵소서.

주께서 친히 이 시간의 주인이 되어 말씀하여 주시고 임재하여 주시옵소서. 주께서 간절한 마음으로 주를 찾는 자들에게 주께서 응답하시겠다고 말씀하셨사오니 오늘 저희가 주를 간절히 찾게 하여 주시고 저희를 만나 주시옵소서.

주의 성신을 만민에게, 주의 남종과 여종에게 부어 주신다(요엘 2:28-29)는 말씀대로 강력한 주의 임재로 함께하여 주시옵소서. 무엇보다 말씀을 전하실 주의 종에게 주의 지혜와 명철과 성령으로 함께하셔서 주님을 더욱 깊이 아는 시간이 되게 하여 주시옵소서.

물이 바다 덮음같이 여호와를 아는 지식이 온 땅위에 충만하리라(하박국 2:14)고 하신 말씀을 기억하나이다. 말씀을 통하여 주를 아는 것이 힘인 것을 믿사오니 이 시간 주님을 아는 지식과 주의 성령으로 풍성하게 채워 주시옵소서.

찬양받으시기에 합당하신 하나님 아버지!

이 시간 주님 홀로 영광과 찬양을 받으시기를 간구하오며 예수 그리스도의 이름으로 기도하옵나이다. 아멘.

임직예배 대표기도

온 세상의 주인 되시는 하나님!

한치도 양보할 수 없는 주의 주권이 온 땅 가운데 온전히 선포되기를 간구하옵나이다. 주님만이 영광과 존귀와 찬양을 받으시기 합당한 분이시오니 주님 홀로 경배를 받으시옵소서.

하나님 아버지께서 주의 뜻 가운데 주님의 몸된 교회를 위해 일꾼을 택하시고 임직예배를 드릴 수 있도록 축복해 주시니 감사와 찬양을 받으시옵소서.

사랑과 은혜가 풍성하신 하나님 아버지!

오늘 직분에 임명되는 모든 이들에게 주를 믿는 믿음을 강력히 더하시어 자신에게 있는 것을 의지하지 말게 하시고 오직 주를 믿음으로 신실하게 맡겨진 직분을 감당하게 축복하여 주시옵소서.

늘 겸허한 마음으로 남을 나보다 낮게 여기게 하시고 성도들을 위해 봉사하되 사랑이 충만한 가운데 섬기게 하옵소서. 사람의 뜻보다는 주님의 뜻을 먼저 따를 수 있는 용기를 허락하시고 모든 일을 혈기로 하지 말고 온유함과 감사로 하게 하옵소서. 어떤 일을 하든지 주를 경외하는 마음으로 하게 하여 주시기를 간구합니다. 그래서 날마다 주께서 주시는 새 힘으로 기쁘게 감당함으로 말미암아 주님께는 영광이 되고 저희에게는 축복이 넘치는 역사가 일어나게 하옵소서.

직분을 맡은 이들이 먼저 골방에서 주의 교회를 위해, 성도들을 위해 날마다 기도하게 하여 주시옵소서. 그 기도의 응답으로 교회가 속히 부흥케 하시며, 주의 성도들이 다함께 시와 찬미로 하나님 안에서 화답하는 원동력이 되게 하옵소서.

매일의 삶 가운데 더욱 정결하며 섬길수록 더 귀한 주님을 날마다 알게 하여 주시고, 직분을 충성되게 감당하므로 세상의 빛과 소금되는 성도되게 하여 주시옵소서. 늘 주님을 찬양하고 생활마다 감사가 넘치게 하시며, 열정과 사랑이 충만하게 하여 주시기를 간절히 소망합니다.

모든 직분자들에게 주의 은혜로 풍성히 채워 주시고 견고하여 흔들리지 않는 믿음과 사랑으로 인도하시며, 가정과 자녀에게 하늘과 땅의 복으로 채워 주시옵소서.

주님께서 맡겨 주신 일에 최선을 다하게 하시고 이를 통해 하나님의 뜻이 하늘에서 이룬 것처럼 이 땅 위에서도 이루어지게 하시옵소서. 모든 영광과 찬양을 하나님께 드리며 예수 그리스도의 이름 받들어 기도하옵니이다. 아멘.

모든 성경은 하나님의 감동으로 된 것으로 교훈과 책망과 바르게 함과 의로 교육하기에 유익하니 이는 하나님의 사람으로 온전케 하며 모든 선한 일을 행하기에 온전케 하려 함이니라(디모데후서 3:16-17).

모든 만물을 주관하시고 성취하시는 하나님 아버지!

그 사랑과 은혜가 날마다 우리 가운데 넘치니 감사와 찬양을 드립니다. 오늘 온 하늘과 온 땅 가운데 높으신 주님의 이름을 더욱 찬양드리는 것은 주의 성실하심으로 이루신 일들을 인해서이옵니다.

주께서 이 땅에 우리 나라의 미래를 책임질 청소년들과 아이들을 보내주시고 그들에게 알맞은 길을 열어 주시되, 이제 긴 배움의 길에서 한 과정을 무사히 잘 마치게 해 주심을 감사드립니다.

신실하신 하나님 아버지!

졸업을 맞이한 이들에게 주께서 주의 성령으로 함께하시어 새로운 길이 시작되기까지 남은 시간들을 잘 보낼 수 있도록 인도하여 주시옵소서. 무엇보다 주를 깊이 만나는 시간을 허락하여 주시고 어릴 적부터 주를 향한 열심을 더하게 하옵소서. 주와 함께하는 그 시간이 무엇보다 귀하고 즐거운 시간이라는 것을 알게 하여 주셔서 하나님의 깊은 말씀으로 지혜를 더하여 주시기를 간구합니다.

하나님의 감동으로 된 모든 성경을 날마다 듣고 봄으로 주의 교훈과 책망, 바르게 함과 의로움을 배워 하나님의 사람으로 온전케 되며 모든 선한 일을 행하기에 온전(디모데후서 3:16-17)한 주의 자녀가 되도록 축복하여 주시옵소서.

그리하여 새로운 출발점에 섰을 때 담대하게 하시고 사람을 사랑할 줄 알아 일생의 귀한 친구를 만나게 하시며 어른 공경을 알아 참된 스승을 만날 수 있게 하옵소서.

험한 세상에서 살아가기에 때로는 어려움을 반드시 만나겠지만 넉넉히 이겨나갈 믿음을 허락하여 주시고, 날마다 더 강건하되 진정 온유하고 겸손한 사람이 될 수 있도록 각 사람을 축복하여 주시옵소서.

무엇보다 주를 아는 즐거움을 매일 더하여 주옵시고 주께 예배드림이 기쁨이 되게 하옵소서. 각 사람을 통하여 하나님 아버지께서 영광 받으실 것을 믿사오며 예수님의 귀하신 이름으로 기도하옵나이다. 아멘.

여호와께서 집을 세우지 아니하시면 세우는 자의 수고가 헛되며 여호와께서 성을 지키지 아니하시면 파숫군의 경성함이 허사로다(시편 127:1).

사랑과 은총이 넘치시는 하나님 아버지! 아버지의 영광스러운 이름을 찬양하오니 그 이름에 합당한 모든 영광을 받으시옵소서.

오늘 주님의 섭리 가운데 만난 두 사람이 부모님과 많은 사람들 앞에서 가정을 이루는 예배를 드리게 되었사오니 이 아름다운 날에 주님의 은총이 함께하기를 간구하옵나이다. 하나님께서 집을 세우지 아니하시면 세우는 자의 수고가 헛되다(시편 127:1)고 말씀하셨으니 참으로 주님께서 이 가정을 세우시고 동행하시며 이 가정의 주인이 되어 주시옵소서.

한 가정을 이룬다는 것은 또한 부모를 떠나 어른이 되는 것이니 그에 알맞는 지혜와 명철을 두 사람에게 더하여 주셔서 앞으로 있을 어려움을 넉넉히 헤쳐 나갈 수 있게 하옵소서.

혼자일 때보다 더욱 주님을 사랑하는 부부가 되게 하시고 서로 격려하고 아끼며 사랑하는 지금의 첫 마음을 내내 기억하고 유지하게 하옵소서.

가족간에는 서로 화목하게 하시고 윗사람을 잘 공경하며 아랫사람에게 모범이 되며 교회에 덕을 끼치는 귀한 가정을 이루게 하시고 이웃에게도 기꺼이 베풀 수 있는 마음을 허락하여 주시옵소서.

건강을 허락하여 주시고 주님의 마음에 합한 자녀들을 선물로 허락하시며 재정적으로도 핍절함이 없도록 축복하여 주시옵소서.

이 가정을 통해 영광을 받으실 아버지의 거룩한 이름을 찬양하오며 예수님의 귀하신 이름 받들어 기도하옵나이다. 아멘.

우주 만물을 창조하시고 모든 인생의 생사화복을 주관하시는 하나님 아버지!

한없이 미약하고 연약한 저희 인생을 긍휼히 여기시고 은혜를 내려 주시옵소서. 지금은 이 험난한 세상을 떠나 본향인 하나님 품으로 돌아가신 고 ○○○님의 장례식을 거행하고자 하오니 주님의 위로와 임재로 함께하여 주시옵소서.

이곳에 모인 사람들은 이 세상에서 함께 살아가다 먼저 하나님 품으로 가신 분을 잃은 슬픔 속에 있으니 위로하여 주시고 새 힘을 얻도록 격려하여 주시옵소서.

살아계시고 역사하시는 하나님 아버지!

고 ○○○님께서 살아 생전 하나님의 택하심 가운데 예수님을 구세주로 믿어 하나님의 자녀가 된 것을 인해 감사드립니다.

간구하옵기는 이 장례예배를 주님께서 주관하사 슬퍼하는 유족들에게는 위로와 새 힘을 더하여 주시고 함께 모인 이들에게는 인생을 살다가 죽음이 꿈 같음을 알게 하사 항상 깨어 주님을 섬기게 하여 주시옵소서.

부활과 생명의 주 하나님! 비록 ○○○님의 육신은 땅으로 돌아가지만 그 영은 이미 영원한 처소에서 주님과 함께 계심을 믿나이다.

다시 만나 함께 주님을 찬양할 그날을 소망 가운데 기다리며 위로

의 주님을 의지하옵고 우리 주 예수 그리스도의 이름으로 기도하옵나

이다. 아멘

찬양과 영광을 받으시기에 합당하신 하나님 아버지! 주님의 이름이 온 땅에 높임을 받으시오며 주의 찬양이 온 하늘 위에 울려 퍼지길 원하나이다.

오늘 아버님(어머님, 장로님, 권사님)을 추모하는 예배를 드리오니 주께서 함께하여 주시옵소서. 주님 안에서 교제를 나누던 가족들과 친지들이 함께 모였사오니 온 가족이 영원한 생명을 소망하게 하시고, 산 자와 죽은 자의 하나님 되신 아버지께 찬양과 경배를 드리며 평화와 영원한 약속으로 나아가게 하옵소서.

남은 식구들을 건강하게 지켜 주시고 어려움 가운데서도 넉넉히 헤쳐 나가는 믿음과 용기를 허락하여 주시옵소서. 날마다 더 큰 위로와 하나님께서 동행하시는 은혜를 누릴 수 있게 하옵소서. 가족으로 허락하시고 함께 있게 하신 것이 주의 뜻이며 서로 의지하고 사랑하도록 맺어 주셨으니 남은 가족들이 더욱 사랑하며 섬길 수 있도록 주님의 마음을 더하여 주시옵소서.

오늘 이 예배를 주께서 받으시고 사나 죽으나 저희가 주께 속하였음을 인해 기뻐하며 즐거워하게 하옵소서. 주의 이름을 찬양하오며 예수님의 귀하신 이름 받들어 기도하옵나이다. 아멘.

2) 헌신예배

그러므로 믿음은 들음에서 나며 들음은 그리스도의 말씀으로 말미암았느니라 그러나 내가 말하노니 저희가 듣지 아니 하였느뇨 그렇지 아니하다 그 소리가 온 땅에 퍼졌고 그 말씀이 땅끝까지 이르렀도다 하였느니라(로마서 10:17-18).

주 여호와께서 학자의 혀를 내게 주사 나로 곤핍한 자를 말로 어떻게 도와 줄줄을 알게 하시고 아침마다 깨우치시되 나의 귀를 깨우치사 학자 같이 알아 듣게 하시도다(이사야 50:4).

사랑과 은혜가 충만하신 하나님 아버지!

그 사랑과 긍휼을 만민에게 나타내셨으니 모든 민족과 방언과 나라 가운데서 주의 거룩한 이름을 높여 드리기를 간구하나이다. 찬양 중에 거하시는 아버지, 저희의 찬양을 받으시고 홀로 영광을 받으시옵소서.

지금은 주의 은혜로 세우신 교사들이 헌신예배로 드리는 시간입니다. 참으로 주께서 "믿음은 들음에서 나며 들음은 그리스도의 말씀으로 말미암으며 이 말씀의 소리가 온 땅에 퍼졌고 땅 끝까지 이르렀도다"(로마서 10:17-18)고 말씀하셨으니 이 약속이 성취되기 위해 각 사람을 통해 가르치고 외치게 하심을 믿고 감사를 드립니다. 그러므로 교사로 헌신한 저희 모두가 주의 앞에 겸손한 마음으로 이 일을 감당하게 하옵소서.

매일 무릎 꿇어 주께 나아감으로, "주 여호와께서 학자의 혀를 내게 주사 나로 곤핍한 자를 말로 어떻게 도와 줄줄을 알게 하시고 아침마다 깨우치시되 나의 귀를 깨우치사 학자 같이 알아듣게 하시도다"(이사야 50:4)라는 이사야의 고백을 드릴 수 있도록 인도하여 주시옵소서.

저희에게 맡겨진 영혼 한 사람 한 사람이 천하보다 귀한 영혼임을 기억하고 매일 이들을 위해 눈물의 중보를 드릴 수 있게 하옵소서. 매일 새 힘을 공급하여 주시고 새 영으로 충만케 하사 참으로 가르침을 받는 이들에게 본이 될 수 있도록 하옵소서. 그들을 가르칠 때 사람의 지식으로 하지 않고 사랑과 긍휼을 더하게 하시며 그들에게 가장 필요한 것으로 채울 수 있도록 늘 깨어 있게 하옵소서.

함께 찬양함의 기쁨을 익혀가게 하시고 그들을 통해서도 배울 것이 있음을 늘 잊지 말며 겸손함 가운데 그들을 섬길 수 있도록 주여 저희와 함께하여 주시기를 간절히 기도드립니다.

주의 인자하심과 성실하심이 무궁하므로 우리가 주의 앞에 날마다 설 수 있음을 고백드리며, 주님께서 행하신 모든 일들을 세상에 널리 전하는 역사가 일어나게 하실 것을 믿으며 예수님의 귀하신 이름 받들어 기도하옵나이다. 아멘.

아무에게나 경솔히 안수하지 말고 다른 사람의 죄에 간섭지 말고 네 자신을 지켜 정결케 하라(디모데전서 5:22).

살아계시고 역사하시며 만왕의 왕 만주의 주되신 하나님 아버지! 온 땅 위에 그 영광이 온전히 충만하기를 간구하나이다. 하늘이 주의 주 되심을 선포하고 땅은 소리 높여 외치며 주의 이름을 찬양할 것입니다. 주님만이 우리의 반석 되시며 주님만이 우리의 요새가 되시오니 주여, 그 신실하심으로 저희에게 임하여 주시옵소서.

오늘 주님의 일군으로 귀하게 세우신 구역장들이 헌신하며 드리는 예배에 주께서 함께하여 주시옵소서. 저희의 충성의 고백을 받으시며 귀한 사역을 맡겨 주신 것으로 인해 드리는 감사를 받으시옵소서. 저희의 마음을 하나님 아버지께 드리기 원하오니 주께서 받으시고 예수님의 보혈로 말미암아 정결케 하옵소서.

편협함이 없는 정한 마음을 주셔서 주신 구역 식구들을 편견으로 대하지 말고 주님의 사랑으로 섬기게 하시옵소서.

바울이 디모데에게 "아무에게나 경솔히 안수하지 말고 다른 사람의 죄에 간섭하지 말고 무릇 네 자신을 지켜 정결케 하라"(디모데전서 5:22)고 한 말씀을 기억합니다. 그 말씀대로 먼저 모든 구역장들이 주님 앞에서 참으로 겸손한 자가 될 수 있도록 저희를 축복하여 주옵소서. 매일 구역 식구들을 위한 중보기도를 통해 각 사람을 향한 사랑이 더욱 깊어 지게 하시고, 주님께서 주시는 기쁨이 구역예배 가운데 충만하기를 간구하나이다.

저희는 비록 부족하기 그지없지만 주님께서 허락하신 이 일들을 감당하기 원하오니 주께서 날마다 동행하여 주시옵소서. 주께서 함께 하지 않으시면 저희가 단 한발자국도 움직일 수 없는 자들임을 고백하나이다. 주여 저희에게 주의 은혜로 충만케 하실 뿐만 아니라 주의 생수와 생기로, 그리고 무엇보다 주의 만나로 날마다 채워 주시옵소서.

주님께서 성실하게 일하심으로 저희 또한 성실하게 잘 감당케 하시고, 주께서 구역식구들을 통하여 영광을 받으시며 찬양을 받으시옵소서.

감사와 찬양과 영광이 주께만 있사오며 이 모든 말씀을 예수님의 거룩하신 이름 받들어 기도하옵나이다. 아멘.

크도다 경건의 비밀이여, 그렇지 않다 하는 이 없도다 그는 육신으로 나타난 바 되시고 영으로 의롭다 하심을 입으시고 천사들에게 보이시고 만국에서 전파되시고 세상에서 믿은 바 되시고 영광 가운데서 올리우셨음이니라(디모데전서 3:16).

독생자 예수 그리스도를 아낌없이 허락하신 사랑의 하나님 아버지!

육신으로 세상 가운데 나타난 바 되시고, 영으로 의롭다 함을 입으시고, 천사들에게 보이시고, 만국에서 전파되시고, 세상에서 믿은 바 되시고, 영광 가운데서 올리우신(디모데전서 3:16) 예수님의 거룩한 이름을 높여드립니다. 주의 지으신 하늘과 베풀어 두신 달과 별을 보고 모든 사람들이 주를 경외하고 그 아름다움을 찬양하게 하옵소서.

특별히 오늘은 남전도회 헌신예배로 드리는 시간이오니 주의 광대하심을 온 천하에 선포하게 하시옵소서. 주께서 천지를 보시기에 심히 좋도록 창조하시고 모든 환경을 조성한 후에 아담을 창조하시고 생육하고 번성하여 땅에 충만하도록 명령하셨으니 감사드립니다. 주님께서 아담을 목적 가운데 창조하심을 저희로 깨닫게 하사 모든 남전도회원들이 자신을 향한 하나님의 뜻을 온전히 알게 하시고 부르신 목적대로 하나님의 뜻을 이루어 가게 하옵소서.

한 가정의 가장으로 세우시고 더 연약한 자매들과 자녀들을 예수님께서 교회를 사랑하심과 같이 사랑함으로 다스리게 하셨으니 먼저 가정에서 그 역할을 잘 감당하도록 주님의 명철과 지혜를 허락하여 주시옵소서. 나아가서는 이 사회 가운데서 귀한 일군으로 삼아주시고, 있는 곳에서 주의 나라를 구하게 하옵소서. 또한 교회에서 각자의 처지에 맞는 직분으로 충성을 다하게 하옵소서.

그리스도인의 삶이 세상을 거슬러 오르는 것일진대 파도처럼 밀려드는 세상의 조류에 휩쓸리지 않게 하시고 많은 헛된 사상에 물들지 말게 하시며 매일 주님을 바라봄으로 험한 바다 위를 잘 걸어가게 하옵소서. 평생에 그 길이 순탄하거나 엄청난 해일이 인 것처럼 흉흉할지라도 날마다 주를 찬양하는 기쁨으로 살게 하시고, 삶의 무게에 짓눌려 뒤로 물러서지 않는 담대함을 허락하시어 모든 일을 더 큰 감사와 찬양으로 싸워 나가게 하옵소서.

가정을 예배로 세워나가게 하시고 아내에게는 자상한 남편, 아이들에게는 사랑이 넘치는 아버지로서 하나님 아버지가 어떤 분인지 간접적으로 느낄 수 있는 본이 되게 하옵소서. 가정에서, 직장에서, 교회에서 나보다 남을 낮게 여기는 마음으로 섬기게 하여 주시옵소서.

주의 거룩한 향기를 날마다 나타내는 귀한 남전도회 식구들이 되기를 기도하오며 예수님의 놀라운 이름 받들어 기도하옵나이다. 아멘.

사랑엔 거짓이 없나니 악을 미워하고 선에 속하라 형제를 사랑하여 서로 우애하고 존경하기를 서로 먼저 하며 부지런하여 게으르지 말고 열심을 품고 주를 섬기라 소망 중에 즐거워하며 환난 중에 참으며 기도에 항상 힘쓰며 성도들의 쓸 것을 공급하며 손 대접하기를 힘쓰라(로마서 12:9-13).

즐거워하는 자들로 함께 즐거워하고 우는 자들로 함께 울라 서로 마음을 같이 하며 높은 데 마음을 두지 말고 도리어 낮은 데 처하며 스스로 지혜 있는 체 말라(로마서 12:15-16).

피차 사랑의 빚 외에는 아무에게든지 아무 빚도 지지 말라 남을 사랑하는 자는 율법을 다 이루었느니라(로마서 13:8).

만물을 사랑하시고 붙드시는 능력의 하나님 아버지!

주께서 행하신 일이 참으로 기이하니 온 하늘이 주를 찬양하며 온 땅이 주의 이름을 부르며 노래할 때 하나님 아버지께서 영광을 받으시고 찬양을 받으시옵소서. 하늘을 이리저리 날아가는 새들이나 오늘 피었다 지는 들풀도 하나님의 손길 없이 이루어지는 것이 하나도 없사오니 주여, 온 만물이 주를 높여드리기 원하나이다.

주님의 귀한 여전도회가 주께 새로운 맘으로 헌신하는 오늘 주의 성령으로 임하여 주셔서 예배드림의 기쁨을 누리게 하옵소서. 주의 말씀을 통해 심령이 깊이 쪼개어지는 경험을 하게 하시고, 주님 앞에 다시 서는 시간 되게 하옵소서.

사랑엔 거짓이 없다고 하셨으니 악을 미워하고 선에 속하며 형제를 사랑하여 서로 우애하고 서로 존경하는 마음으로 대하며 열심히 주를 섬기는(로마서 12:9-11) 여전도회가 되도록 축복하여 주시옵소서. 또한 소망 중에 즐거워하며 환난 중에 참으며 기도에 항상 힘쓰고 성도들의 쓸 것을 공급하며 손님 대접하기를 힘쓰며(로마서 12:12-13) 늘 축복의 중보를 담당하는 자매들이 되게 하옵소서.

즐거워하는 자들로 함께 즐거워하고 우는 자들로 함께 울고 서로 마음을 같이 하며 모든 사람으로 더불어 화평(로마서 12:15-16)하는 넉넉한 마음을 허락하여 주시옵소서.

가정에서는 한 남편의 좋은 아내로 남편에게 순종하기를 그리스도에게 하듯 하게 하시고, 아이들에게는 현명한 어머니가 되어 사랑과 기도와 주님의 지혜로 양육하게 하여 주시옵소서. 또한 이웃에게 나누고 베푸는 삶 속에서 더욱 풍성하게 축복하시는 하나님의 뜻이 있는 것을 깨달아 매일의 삶 속에서 이를 실천할 수 있는 용기와 기회를 허락해 주시옵소서. 매일 더 주님을 사랑하게 하시고 피차 사랑의 빚 외에는 아무에게든지 아무 빚도 지지 말게(로마서 13:8) 하옵소서.

각 사람에게 은사로 주신 것으로 주의 나라와 역사에 겸손히 동참하게 하시고 이를 통해 주께서 영광을 받으시옵소서.

주님의 나라가 이를 때까지 주께서 쉬지 않으시므로 저희 또한 쉬지 않고 기도하기를 원하오며 이 모든 말씀을 이제 곧 오실 예수님의 귀하신 이름으로 기도하옵나이다. 아멘.

광야와 메마른 땅이 기뻐하며 사막이 백합화 같이 피어 즐거워하며(이사야 35:1).

주의 권능의 날에 주의 백성이 거룩한 옷을 입고 즐거이 헌신하니 새벽이슬 같은 주의 청년들이 주께 나오는도다(시편 110:3).

오직 나는 하나님의 집에 있는 푸른 감람나무 같음이며 하나님의 인자하심을 영영히 의지하리로다(시편 52:8).

대저 젖을 먹는 자마다 어린 아이니 의의 말씀을 경험하지 못한 자요 단단한 식물은 장성한 자의 것이니 저희는 지각을 사용하므로 연단을 받아 선악을 분변하는 자들이니라(히브리서 5:13-14).

우리는 뒤로 물러가 침륜에 빠질 자가 아니요 오직 영혼을 구원함에 이르는 믿음을 가진 자니라(히브리서 10:39).

꿈과 환상과 비전을 젊은이에게 허락하시는 하나님, 또한 거룩하시고 거룩하신 만군의 여호와 하나님! 그 영광이 온 땅에 충만하고 그 보좌에서 찬양을 받으시며 경배를 받으시옵소서. 주께서 온 천지간에 유일한 하나님이시니 주님 홀로 영광을 받으시옵소서.

주의 말씀이 선포될 때에 땅과 하늘이 진동되며 광야와 메마른 땅이 기뻐하며 사막이 백합화같이 피어 즐거워하므로(이사야 35:1) 주의 이름을 찬양하기 원하나이다.

또한 "주의 권능의 날에 주의 백성이 거룩한 옷을 입고 즐거이 헌신할 때 새벽이슬 같은 주의 청년들이 주께 나올 것"(시편 110:3)이라고 말씀하셨으니 오늘 청년들의 예배를 받으시옵소서. 그 마음을 주께로 정하여 드리는 예배를 주께서 기뻐 받으시옵소서.

찬양 가운데 거하시며 말씀 가운데 주의 성령을 부어 주시고 마음을 다하여 주께 드리는 고백을 받아 주시옵소서. 다윗이 나는 "하나님의 집에 있는 푸른 감람나무 같음이여 하나님의 인자하심을 영영히 의지하리로다"(시편 52:8)라고 고백했던 것을 기억하오니 청년들이 젊었을 때에 주를 더욱 섬겨 주님 앞에 설 때 푸른 감람나무와 같게 하시고 하나님 아버지의 인자하심을 영원히 의지하는 믿음을 주시옵소서.

오늘 보다는 내일이 더 주님과 가까운 날이 되게 하시고 젖을 먹는 아이와 같지 않고 의의 말씀을 경험하여 단단한 식물을 먹는 장성한 자의 분량에 이르게 하시어 지각을 사용하므로 연단을 받아 선악을 분별(히브리서 5:13-14)히게 하옵소서. 또한 뒤로 물러가 침륜에 빠질 자가 아니라 오직 영혼을 구원함에 이르는 믿음을 가진 자(히브리서 10:39)들이 되게 하시고, 믿음으로 말미암아 살리라 하신 말씀을 마음 판에 새겨 언제나 변함없는 하나님의 용사가 되게 하옵소서.

주님을 따라갈 때 세상을 두려워하지 않게 하시고 시험에 들게 하지 마시고 악의 길에서 구하여 주시옵소서. 참으로 주의 복 있는 사람이 행하는 길로 가게 하옵소서.

날마다 더 큰 감사로 주님 앞에 서게 하시고 찬양이 끊이지 않게 하시며 주님과 만나는 시간을 즐거워하게 하옵소서. 천하보다 귀한 한 영혼 한 영혼을 주님의 사랑으로 사랑할 수 있도록 하시고 주님을 아는 기쁨을 온 세상에 외칠 수 있게 하옵소서.

상황과 환경을 보지 말고 주님을 보는 눈과 마음을 가지게 하시고 젊음의 혈기를 더 강한 온유함으로 승화시켜 갈 수 있도록 도와주시옵소서. 매일의 삶 속에서 주님과 생생하게 동행하는 즐거움을 누리게 하옵소서.

이 모든 일들을 통해 주님께서 영광을 받으시기를 간구하오며 예수님의 귀하신 이름으로 기도드리옵나이다. 아멘.

하나님이여 내 마음이 확정되었고 내 마음이 확정되었사오니 내가 노래하고 내가 찬송하리이다 내 영광아 깰지어다 비파야 수금아 깰찌어다 내가 새벽을 깨우리로다 주여 내가 만민 중에서 주께 감사하오며 열방 중에서 주를 찬송하리이다 대저 주의 인자는 커서 하늘에 미치고 주의 진리는 궁창에 이르나이다 하나님이여 주는 하늘 위에 높이 들리시며 주의 영광은 온 세계 위에 높아지기를 원하나이다(시편 57:7-11).

주의 인자가 생명보다 나으므로 내 입술이 주를 찬양할 것이라 이러므로 내 평생에 주를 송축하며 주의 이름으로 인하여 내 손을 들리이다 골수와 기름진 것을 먹음과 같이 내 영혼이 만족할 것이라 내 입이 기쁜 입술로 주를 찬송하되(시편 63:3-5).

이스라엘의 찬송 중에 거하시는 주여 주는 거룩하시니이다(시편 22:3).

주께서 택하시고 가까이 오게 하사 주의 뜰에 거하게 하신 사람은 복이 있나이다 우리가 주의 집 곧 주의 성전의 아름다움으로 만족하리이다(시편 65:4).

우리의 반석이시며 구원이시며 산성이신 하나님 아버지!

아버지께 영광과 존귀를 올려 드리나이다. 우리의 구원과 영광이 하나님께만 있사오며 우리 힘의 반석과 피난처도 오직 아버지께만 있사오니 주의 성소에서 새 노래를 부르며 주의 이름을 찬양하나이다.

참으로 주의 인자가 생명보다 나으므로 우리 입술이 주를 찬양하며 우리의 영혼이 골수와 기름진 것을 먹음과 같이 만족하오니 평생에 주를 송축하며 주의 이름으로 인하여 손을 들고 나아가옵나이다(시편 63:3-5).

이 시간 주께 찬양하기를 기뻐하는 성가대가 헌신예배를 드릴 때 이스라엘의 찬송 중에 거하시는 거룩하신 아버지(시편 22:3)께서 임재하여 주시옵소서. 주의 성령으로 감동하여 주시고 잠잠히 하나님을 바라는 시간이 되게 하옵소서.

찬양 받으시기에 합당하신 아버지!

주께서 택하시고 가까이 오게 하사 주의 뜰에 거하게 하신 사람은 복이 있는 사람들이오니 우리가 주의 집 곧 주의 성전의 아름다움으로 만족(시편 65:4)하도록 저희를 새롭게 하옵소서.

찬양함의 기쁨을 날마다 더하여 주시고, 주님께서 저희에게 허락하신 모든 것으로 인해 감사하게 하옵소서. 저희 심령을 주의 앞으로 불러 주셔서 깊이 주님과 교제하게 하옵소서. 무엇보다 매일 주의 귀한 말씀으로 덧입게 하옵소서. 그리하여 저희의 입술로 찬양이 마르지 않게 하시고 여호와의 영광을 외침이 멈추지 않게 하옵소서.

세상은 날이 갈수록 악해져 가고 그 속에서 거슬러 오르는 저희가 겉사람은 매일 후패해도 속사람은 날로 새로워지게 축복하여 주시고 이를 인하여 주께서 영광을 받으시길 간절히 간구하나이다.

이 시간 감사의 제사를 올려 드리기 원하오며 찬양받으시기에 합당하신 예수님의 귀하신 이름 받들어 기도하옵나이다. 아멘.

그 작은 자가 천을 이루겠고 그 약한 자가 강국을 이룰 것이
라 때가 되면 나 여호와가 속히 이루리라(이사야 60:22).

땅 끝에 거하는 자가 주의 징조를 두려워 하나이다 주께서 아
침이 되는 것과 저녁이 되는 것을 즐거워하게 하시며 땅을 권고
하사 물을 대어 심히 윤택케 하시며 하나님의 강에 물이 가득하
게 하시고 이 같이 땅을 예비하신 후에 저희에게 곡식을 주시나
이다(시편 65:8–9).

온 땅과 온 하늘 위에서 찬양받으시기에 합당하신 하나님 아버지,
홀로 찬양과 경배를 받으소서. 우리 구원의 하나님! 주는 주의 힘으로
산을 세우시며 권능으로 띠를 띠시며 바다의 흉용과 물결의 요동과
만민의 훤화까지 진정하는 분이시오니 찬송을 받으소서.

사랑으로 충만하신 아버지, 오늘 중·고등부가 주의 앞에 헌신하
고자 합니다. 그 작은 자가 천을 이루겠고 그 약한 자가 강국을 이룰
것이라(이사야 60:22)고 말씀하신 하나님께서 저희의 마음을 받으시
고 주의 약속을 이루어 주시옵소서.

오늘날 우리 나라 교육의 현실이 참으로 암담하지만 우리 순결한
아이들로 말미암아 희망이 있음을 믿습니다. 온전하신 하나님 아버
지, 이들로 하여금 아침되는 것과 저녁되는 것을 즐거워하게 하여 주

시옵소서. 땅을 권고하사 물을 대어 윤택케 하시며 하나님의 강에 물이 가득하게 하여 땅을 예비하시고 저희에게 곡식을 주시는(시편 65:8-9) 아버지의 예비하심을 날마다 경험하며 누리게 하옵소서.

순수한 믿음과 열정을 허락하시고 하나님을 만나는 기쁨을 생생히 알게 해주셔서 어릴 때부터 주님을 위해 헌신된 삶을 살도록 인도하옵소서. 어둠과 흑암 가운데서도 빛이신 예수님을 따라가게 하시고 주의 말씀으로 날마다 먹게 하옵소서.

아버지, 청소년들이 공부에 시달려 기도하는 시간이 흐트러지지 않게 하시고, 오히려 기도하며 주님과 만나는 그 시간으로 말미암아 맑은 정신과 집중력을 가질 수 있도록 축복하여 주옵소서.

예수님 때문에 영혼을 사랑할 줄 아는 사람으로 자라게 하옵소서. 혼돈스러운 세상의 가치와 기준에 흔들리지 말게 하시며 주어진 환경을 걸려 넘어지는 거침돌이 아니라 디딤돌로 삼아 예수님의 장성한 분량까지 자랄 수 있도록 축복하여 주옵소서. 그리하여 그 영혼이 독수리기 날개 쳐 올라가는 것같이 매일 새 힘을 얻어 나아가게 하여 주시기를 원합니다.

기도와 말씀으로 주님을 알아가는 기쁨을 맛보아 알게 하시고 하나님 한 분만으로 즐거워할 수 있도록 은혜를 내려 주옵소서.

주의 주권과 권능을 매순간 인정하며 불평하기보다는 감사로 어려움을 극복하는 신실한 주님의 자녀들로 자라게 하옵소서.

감사와 찬양과 영광이 오직 주께만 있음을 고백하오며 예수 그리스도의 이름 받들어 기도드립니다. 아멘.

미쁘다 이 말이여, 사람이 감독의 직분을 얻으려하면 선한 일을 사모한다 함이로다 그러므로 감독은 책망할 것이 없으며 한 아내의 남편이 되며 절제하며 근신하며 아담하며 나그네를 대접하며 가르치기를 잘하며 술을 즐기지 아니하며 구타하지 아니하며 오직 관용하며 다투지 아니하며 돈을 사랑치 아니하며 자기 집을 잘 다스려 자녀들로 모든 단정함으로 복종케 하는 자라야 할지며…… 이와 같이 집사들도 단정하고 일구이언을 하지 아니하고 술에 인박이지 아니하고 더러운 이를 탐하지 아니하고 깨끗한 양심에 믿음의 비밀을 가진 자라야 할지니…… 여자들도 이와 같이 단정하고 참소하지 말며 절제하며 모든 일에 충성된 자라야 할지니라(디모데전서 3:1-11).

그러나 우리는 분량 밖의 자랑을 하지 않고 오직 하나님이 우리에게 분량으로 나눠 주신 그 분량의 한계를 따라 하노니 곧 너희에게까지 이른 것이라(고린도후서 10:13).

살아계시고 역사하시는 만왕의 왕 만군의 주 여호와 하나님!

아버지의 거룩한 이름을 찬양드립니다. 세상 모든 민족과 방언과 족속이 주의 이름을 경외하며 주께 나아와 무릎을 꿇어 경배 드리기를 간구하나이다.

사랑과 은혜가 풍성하신 아버지!

친히 독생자를 이 땅위에 보내사 사망과 음부의 권세를 즈려 밟아 승리하게 하시고, 우리의 모든 죄를 대속케 하시니 감사를 드립니다. 그 예수님의 터 위에 세운 주의 교회를 축복하시고 각 사람에게 알맞은 은사대로 직분을 맡겨 주신 것으로 인해 또한 감사를 드립니다. 오늘 제직들의 헌신예배를 통해 저희가 다시 한번 주께서 주신 직분을 생각하며 충성을 다짐하고자 하나이다.

참으로 부족하기 그지없는 저희들을 부르시고 택하신 아버지!

우리가 분량 밖의 일을 자랑하지 않고 오직 아버지께서 우리에게 분량으로 나눠 주신 그 한계를 따라 맡은 바 소임을 다하게 하시고(고린도후서 10:13) 지극한 감사와 찬양으로 충성하게 하옵소서.

각 지체들을 나보다 낫게 여기며 섬기는 마음을 주시고 사람을 외모로 취하지 않으시는 하나님을 기억하며 무슨 일에든지 중심으로 행하게 하옵소서. 어떤 일에든지 말을 앞세우기 보다는 행동으로 보이게 하시고 모든 일의 판단이 주께 있사오니 겸손한 마음으로 섬기게 하옵소서.

무엇보다 골방에서 주님과 만나는 시간을 잊지 않게 하시며 매일 주님과 동행하는 기쁨을 누리게 하옵소서. 주께서 피로 사신 교회와 각 지체들을 주님의 마음으로 품고 눈물의 중보를 드리게 하옵소서. 주께서 그 기도를 들으시고 필요한 때에 응답해 주심으로 크신 영광을 받으시옵소서.

주님께 찬양드리는 기쁨을 늘 누리게 하시고 늘 감사하게 하옵소서. 주님께서 보여 주신 그 사랑으로 교회를 섬기게 하시고 주님의 기

뿜이 되는 제직들이 다 될 수 있도록 축복하여 주시기를 간절히 기도
드립니다.

감사와 찬양과 영광을 주님께만 올려드리며 예수님의 귀하신 이름
으로 기도 올리옵나이다. 아멘.

구역예배 및 심방기도

1) 구역예배

구역예배 대표기도 1

하나님은 우리를 긍휼히 여기사 복을 주시고 그 얼굴 빛으로
우리에게 비취사(시편 67:1).

사랑과 은혜가 풍성하신 하나님 아버지!

주의 이름이 온 땅 가운데 높임을 받으시옵소서. 오늘 다시 구역 식
구들이 모여 주님께 예배드리오니 주님의 성령으로 임재하여 주시고
주님 홀로 영광과 찬양을 받으시는 시간이 되길 간구하나이다.

저희 구역 식구들 한 사람 한 사람이 주님 앞에 깊이 나아가게 하시

고 삶의 현장에서 주님과 동행하는 기쁨을 누리게 하여 주옵소서. 또한 서로를 더 깊이 알아가는 시간이 되게 하시고 지체를 위한 중보기도의 기쁨을 알게 하여 주시며 저희들이 예수님의 이름으로 드리는 기도에 응답하여 주시옵소서.

각 사람의 필요를 잘 아시는 주님께서 가장 알맞은 것으로 채우실 것을 믿습니다. 이 시간 우리를 긍휼히 여기사 복을 주시고 그 얼굴빛으로 우리에게 비추어 주시옵소서(시편 67:1). 감사와 찬양을 올려 드리며 예수님의 귀하신 이름으로 기도드립니다. 아멘.

만민들아 우리 하나님을 송축하며 그 송축 소리로 들리게 할 지어다 그는 우리 영혼을 살려 두시고 우리의 실족함을 허락지 아니하시는 주시로다(시편 66:8-9).

자비로우시고 은혜로우신 하나님 아버지!

온 땅이 하나님께 즐거운 소리로 찬양하며 영화롭게 찬송하기를 원하나이다. 주의 행하신 일이 놀랍고 크오니 주님만이 영광을 받으시기에 합당하신 분이십니다. 오늘 저희가 다시 주님 앞에 모여 예배를 드릴 때 주님의 성령으로 함께하시고 크고 놀라운 비밀을 우리 안에 나타내 주시옵소서.

주께서 말씀하시면 저희들이 듣고 순종하겠나이다. 주의 음성을 들려주시고 갈 길을 밝히 비추어 주시옵소서. 여기 모인 각 사람의 처지와 환경을 가장 잘 아시는 주님께서 어려움 중에서라도 주를 향한 눈을 잃지 않도록 저희를 지켜 주시옵소서. 주님만이 저희의 모든 생사화복을 주장하시는 분이심을 믿습니다. 믿음으로 산을 옮길 수도 있다고 말씀하셨사오니 저희 가운데 믿음을 더하여 주시옵소서.

예배의 시종을 주께 맡기오며 예수님의 존귀한 이름 받들어 기도 드리옵나이다. 아멘.

구역예배 대표기도 3

내 계명은 곧 내가 너희를 사랑한 것 같이 너희도 서로 사랑하라 하는 이것이니라(요한복음 15:12).

할렐루야! 살아계시고 역사하시는 주님의 이름을 찬양하나이다. 오늘 주님께서 구역이라는 한 끈으로 묶어 주신 저희 구역 식구들이 모여 예배를 드리오니 주님이 기뻐 받으시는 예배가 되도록 함께하여 주시옵소서.

비록 많은 수는 아니지만 두세 사람이 예수님의 이름으로 모인 곳에 함께하신다고 말씀하셨사오니 이 자리에 임재하여 주셔서 각 사람이 성령으로 충만하여 주께 나아가게 하옵소서. 주님께서 저희를 목숨으로 사실 만큼 사랑하셨사오니 저희 또한 서로를 사랑하므로 주의 계명을 지키게 하여 주시옵소서(요한복음 15:12).

각자의 삶을 나눌 때 기쁨을 나누어 배가 되게 하시고 슬픔과 아픔을 나누어 반이 되게 하시며, 진심을 다해 서로를 존중할 수 있도록 축복하여 주시옵소서.

저희 구역 식구들의 헌신을 통해 주님께서 영광을 받으시고 이로 인해 주님의 은총을 누리는 저희 식구들이 되게 하옵소서. 아버지의 이름이 높임 받기를 간구하오며 예수님의 귀하신 이름으로 기도하옵나이다. 아멘.

2) 심방기도

 **신혼가정을 위한 기도**

온 천지 만물 가운데 사랑과 긍휼로 충만하신 하나님 아버지!

아버지의 귀한 은혜에 감사와 찬양을 드립니다. 주께서 세상 가운데 행하시는 일은 참으로 기이하고 놀랍습니다. 창세 전부터 주님의 계획은 한 번도 어긋남없이 이루어진 것을 믿으며 이후로도 당신의 뜻을 이루실 것을 믿습니다.

오늘 아버지의 지극한 사랑으로 새롭게 세우신 이 가정을 예수님의 이름으로 축복하옵나이다.

먼저 부부가 주님 안에서 매일 더 서로를 사랑하게 하셔서 주님의 향기를 전하는 아름다운 가정이 되게 하옵소서.

적당한 때에 자녀를 허락하시되 주님의 뜻 안에서 깊은 사랑으로 양육할 수 있도록 때에 따른 지혜와 명철로 인도하여 주시옵소서.

서로가 사랑하니 또한 각 가족들을 화목하게 하는 희생적 정이 넘쳐나게 하시고, 이웃을 향한 따뜻한 마음을 가져 좋은 이웃이 됨으로 귀한 사람들을 만나게 하옵소서.

무엇보다 부부가 한 마음으로 주님 앞에 예배드리는 시간을 갖게 하시고 예배드림의 기쁨이 날마다 충만하게 하여 주시옵소서.

살다 보면 어려운 일을 만나겠지만 능히 피할 길을 내시는 주님을 더 신뢰하고 나아가게 하시고, 넉넉히 이길 수 있는 믿음을 더하여 주시옵소서.

남편은 아내를 그리스도가 교회를 사랑하듯 사랑하게 하시고, 아내는 남편을 교회가 머리되신 예수님께 순종하듯 순종하게 하시되 주님의 지극한 사랑과 계획 안에서 살아가게 하옵소서.

주님의 성령이 이 가정 위에 충만하여 주위를 환히 밝히는 빛과 의롭게 하는 소금되게 하시고, 아름다운 덕을 선전하게 하사 귀한 본을 보여 주님께 영광을 돌리는 귀한 가정되게 하옵소서.

주님의 사랑을 전할 뿐 아니라 두 사람을 향한 주님의 뜻을 온전히 이루기 위해 힘을 합쳐 늘 최선을 다하는 가정 되게 하옵소서.

온 천지 만물에 충만하신 그 사랑이 이 가정을 눈동자와 같이 지킬 것을 믿사오며 예수님의 귀하신 이름으로 기도하옵나이다. 아멘.

아이를 원하는 가정을 위한 기도

천지 만물 가운데서 영광을 받으시기에 합당하신 하나님 아버지!

모든 인생의 주인 되시며 그 행하신 일이 놀라우신 하나님 아버지!

감사와 찬양과 영광을 돌려드립니다.

주님의 그 이름이 온 땅 가운데 충만하기를 원하오며 날마다 찬송과 감사와 존귀와 영광을 받으시옵소서.

하나님 아버지께서는 온 인생의 주관자 되시는 분임을 믿사오니 주의 뜻과 계획이 우리 가운데 날마다 이루어지기를 간구하옵나이다.

주님은 창세 전부터 모든 일을 계획하시고 이루시는 분이시오니 주의 온전한 뜻 가운데 이 가정을 기억하여 주시옵소서. 주의 주권 가운데 이 가정을 세우시고 모든 믿는 자들의 본이 되게 하셨사오니 주의 사랑과 은혜가 이 가정에 함께하옵소서.

자녀를 향한 소원이 깊은 가운데 있사오니 이들의 기도를 들어 응답하여 주시옵소서. 모든 생명의 근원 되신 주께서 천하보다 귀한 영혼을 이 가정에 보내 주셔서 하나님의 귀한 자녀로 잘 양육하게 하사, 하나님 아버지의 마음을 더 잘 알 수 있도록 허락하여 주시옵소서. 더 나아가 주님이 주시는 자녀로 인하여 이 가정에는 은혜가, 모든 사람들에게는 기쁨이, 하나님께는 영광이 되게 하옵소서.

이를 위해 날마다 간절한 마음으로 기도하게 하시고 주의 얼굴을 찾게 하셨으니 감사드리오며, 이 가정을 향한 하나님의 온전한 뜻을 보어 주시옵소서.

부부가 한마음으로 주를 섬기되 주님께 예배드리는 기쁨을 날마다 누리게 하시고 주의 은혜 가운데 더욱 서로를 사랑하고 귀히 여기며 기뻐하게 하옵소서.

감사와 찬양이 넘치게 하시고 어려운 일을 만날 때에도 함께하시는 주님으로 말미암아 넉넉히 이기게 하옵소서. 섬길수록 더 귀한 주님을 날마다 더 경외하는 가정으로 삼아주시고, 귀한 자녀를 주의 뜻 가운데 아름답게 허락하여 주시옵소서. 이 모든 일을 통해 주님께서 영광을 받으시며 찬양을 받으시길 간구하오며 예수님의 귀하신 이름으로 기도하옵나이다. 아멘.

임신한 가정을 위한 기도

주께서 내 장부를 지으시며 나의 모태에서 나를 조직하셨나이다 내가 주께 감사하옴은 나를 지으심이 신묘막측하심이라 주의 행사가 기이함을 내 영혼이 잘 아나이다 내가 은밀한데서 지음을 받고 땅의 깊은 곳에서 기이하게 지음을 받은 때에 나의 형체가 주의 앞에 숨기우지 못하였나이다 내 형질이 이루기 전에 주의 눈이 보셨으며 나를 위하여 정한 날이 하나도 되기 전에 주의 책에 다 기록이 되었나이다(시편 139:13-16).

인생의 생사화복을 주관하시는 전능하신 하나님!

주님의 역사는 한 순간도 멈추어 서지 않는 것으로 인해 감사와 찬양과 영광을 돌려드립니다. 주의 놀라운 역사가 우리 가운데 날마다 한치도 어긋남 없이 이루어짐으로 인해 우리가 살 수 있음을 고백드리오며 이로 인해 오직 영광과 찬송과 감사를 주님께 드리오니 받으시옵소서.

오늘 이 가정에 임한 주의 은혜를 감사드리고자 합니다. 시편 다윗의 고백처럼 주께서 우리의 장부를 지으시며 모태에서 조직하심이 참으로 신묘막측하고 주의 모든 일이 참으로 기이함을 인해 영광을 돌려드립니다.

이 가정에 한 자녀를 허락하시고 이 아이의 형질이 이루기 전에 주의 눈이 보셨으며 이 아이를 위하여 정한 날이 하나도 되기 전에 주의 책에 다 기록이 되었음(시편 139:16)을 믿습니다. 그러므로 이 아이가 세상에 태어나는 그날까지 주의 날개 아래 품어 주시고 악한 것은 조금이라도 틈타지 못하도록 주의 강력한 팔로 보호하여 주시옵소서.

또한 이 아이를 향한 부모의 기도가 게으르지 않게 하사 아이가 뱃속에서부터 주를 경외하는 귀한 자녀가 되게 하여 주시옵소서. 부부가 한 뜻으로 주를 섬기는 기쁨과 즐거움을 누리게 하시며 이로 인해 태중의 아이 또한 주님을 기뻐하는 영혼으로 자라게 하옵소서.

주께서 이 아이를 통해 이루실 일들을 기대하는 우리의 마음이 참으로 기쁠진대 하나님 아버지의 마음은 이보다 더할 줄 믿사오니, 주의 온전한 계획과 뜻 가운데 이 가정을 지키시고 이 아이를 보호하여 주시옵소서.

감사와 영광이 오직 주께만 있사오며 이 모든 말씀을 다시 오실 예수님의 귀하신 이름 받들어 기도하옵나이다. 아멘.

말씀으로 여는 대표기도문 | 내가 쓰는 대표기도

출산한 가정을 위한 기도

여호와여 주께서 나를 감찰하시고 아셨나이다 주께서 나의 앉고 일어섬을 아시며 멀리서도 나의 생각을 통촉하시오며 나의 길과 눕는 것을 감찰하시며 나의 모든 행위를 익히 아시오니(시편 139:1-3).

주께서 나의 전후를 두르시며 내게 안수하셨나이다(시편 139:5).

사랑과 자비의 하나님 아버지!

우리가 전심으로 주께 감사하며 세상 모든 일 가운데서 주께 찬양하나이다. 주의 이름만 찬양하오니 높임을 받으시옵소서. 홀로 경배를 받으시옵소서.

참으로 영광과 존귀를 받으시기에 합당하신 하나님 아버지께서 이 가정에 주님의 귀한 뜻을 온전히 보여주셔서 한 자녀가 태어나게 하심을 진심으로 감사드립니다.

주의 세밀하신 뜻이 있어 이 아이를 무사히 태중에서 자라게 하시고 이렇게 세상과 만나게 하셨사오니, 주의 뜻이 온전히 이 가정과 아이 위에 이루어지기를 간구하옵나이다. 천하보다 귀한 이 영혼을 허락하셨사오니 이 아이의 앉고 일어섬을 아시고 멀리서도 그 생각을 통촉하시며 이 아이의 길과 눕는 것을 감찰(시편 139:1-3)하여 주시옵소서. 또한 주께서 이 아이의 전후를 두르시며 주의 귀한 팔로 안수

(시편 139:5)하여 주시옵소서.

이 아이가 자라감에 따라 귀한 만남들을 가질 터인데 그들을 통해 주님을 더욱 알게 하시고, 그 과정에 어려움이 있을지라도 주님으로 인해 넉넉히 이길 수 있게 하여 주시옵소서. 평생을 같이 할 좋은 친구와 스승을 만나게 하옵시고 적절한 나이에 귀한 배우자를 만나게 하셔서 함께 주님을 섬기게 하여 주옵소서.

이 아이의 모든 일생이 주님의 뜻 가운데서 이루어질 것을 믿습니다. 자라감에 따라 하나님과 사람에게 사랑받는 자로 역사하여 하나님을 먼저 사랑하고 이로 인해 내 이웃을 내 몸과 같이 사랑하는 하나님의 귀한 자녀가 되게 하여 주옵소서.

주의 뜻이 이 아이 가운데 날마다 구체적으로 드러나며 주님께 예배드리는 기쁨을 누리는 사람이 되게 하여 주옵소서. 이 귀한 자녀의 일생을 통해 주께서 영광받으실 것을 믿사옵니다. 감사와 찬양과 영광을 돌리오며 이 모든 말씀을 주 예수 그리스도의 귀하신 이름으로 기도하옵나이다. 아멘.

아이의 돌을 맞이한 가정을 위한 기도

내가 산을 향하여 눈을 들리라 나의 도움이 어디서 올꼬 나의 도움이 천지를 지으신 여호와에게서로다 여호와께서 너로 실족지 않게 하시며 너를 지키시는 자가 졸지 아니하시리로다 이스라엘을 지키시는 자는 졸지도 아니하고 주무시지도 아니하시리로다 여호와는 너를 지키시는 자라 여호와께서 네 우편에서 네 그늘이 되시나니 낮의 해가 너를 상치 아니하며 밤의 달도 너를 해치 아니하리로다 여호와께서 너를 지켜 모든 환난을 면케 하시며 또 네 영혼을 지키시리로다 여호와께서 너의 출입을 지금부터 영원까지 지키시리로다(시편 121편).

여호와를 경외하는 것이 지혜의 근본이요 거룩하신 자를 아는 것이 명철이니래(잠언 9:10).

날마다 저희 가운데서 역사하시는 하나님 아버지!

참으로 모든 주권이 주님께만 있사오며 아버지만이 영광을 받으시기에 합당하옵나이다. 홀로 경배를 받으시옵소서.

창세 전부터 하나님 아버지의 뜻이 섰으며 그 뜻이 오늘날까지 한 치의 부족함 없이 이루어진 것을 믿사옵나이다. 오늘 그 뜻 가운데 택정하셔서 이 세상에 태어나게 하시고, 지난 일 년 동안 주의 은혜 가운데 아무 탈없이 잘 자라도록 역사하신 하나님께 감사드리며, 이 귀한 자녀를 위해 기도하나이다. 이 아이의 모든 생이 주의 앞에 있음을 믿사오며 모든 도움이 주의 시온산과 천지를 지으신 여호와께로부터 오는 것(시편 121:1)을 믿습니다.

참으로 졸지도 않으시고 주무시지도 않는 여호와 하나님께서 이 아이를 실족지 않게 하실 것이며, 그 우편에서 그늘이 되시므로 낮의 해가 상치 못하고 밤의 달도 해치 못할 것을 믿사옵나이다. 또한 이 아이의 모든 환난을 면케 하시며 그 영혼을 지키시되 모든 출입을 지금부터 영원까지 지키실(시편 121:2-8) 줄로 믿사옵나이다.

주의 궁휼과 자비하심으로 아이의 일생을 함께하여 주시옵소서. 매일의 삶이 주님께 드려지게 하옵시고 어릴 적부터 주님과 만나는 기쁨을 누리도록 주의 성령으로 함께하여 주시옵소서. 여호와를 경외하는 것이 지혜의 근본이라고 하셨사오니 참으로 하나님을 경외하게 하시고, 거룩하신 자를 아는 것이 명철이라(잠언 9:10) 하셨으니 거룩하고 존귀한 아버지를 알게 하여 주시옵소서. 그리하여 지혜롭고 명철한 자로 자라게 하여 주시되 무엇보다 주님을 찬양하는 즐거움을 아는 사람이 되게 하여 주옵소서.

이 가정에 이 아이로 인해 웃음이 넘쳐나게 하시고, 언제나 부모가 먼저 주님을 잘 섬겨 아이가 그 본을 따를 수 있도록 축복하여 주시옵소서. 아이의 모든 생사화복이 주님의 주권 가운데 있음을 감사드리오며 이 모든 말씀을 살아계시고 역사하시며 이제 곧 다시 오실 예수님의 귀하신 이름으로 기도드리옵나이다. 아멘.

고3 입시생(재수생)이 있는 가정을 위한 기도

여호와의 신 곧 지혜와 총명의 신이요 모략과 재능의 신이요 지식과 여호와를 경외하는 신이 그 위에 강림하시리니(이사야 11:2).

지혜와 능력의 하나님 아버지!

아버지의 은혜가 온 천지만물 가운데 참으로 크고 놀라우시니 주의 이름을 찬양하나이다. 온 하늘과 온 땅이 주의 이름을 높여 드리기를 원하옵고 ○○○자매(집사, 권사, 형제)님의 가정을 통해서도 영광을 받으시길 원하나이다.

이 가정을 주께서 사랑하사 지금까지 지켜 주시고 인도하여 주신 것을 인해 감사드리오며 이제 입시를 앞두고 있는 ○○에게도 함께하여 주실 것을 믿사옵나이다. 하나님께서 친히 지혜와 총명의 신 그리고 모략과 재능의 신으로, 여호와를 경외하는 신으로 ○○위에 강림(이사야 11:2)하사 ○○의 생각을 주장하여 주시고 늘 건강을 지켜 주시옵소서.

마음이 조급하지 않게 하여 주시고 무엇을 위해 공부하는지를 깨닫게 하시며 목표를 향해 기꺼이 전진하고 최선을 다할 수 있도록 그 마음을 새롭게 하여 주시옵소서. 결국에는 자신과의 싸움인 것을 알게 하여 주셔서 이러한 기회를 통해 스스로를 잘 다듬어갈 수 있도록 축복하여 주시옵소서.

이 기간이 앞으로의 생애에 큰 전환점임을 기억하고 날마다 스스로를 채찍질하되 지치거나 우울하지 않도록 밝은 마음을 허락하여 주시되 무엇보다 주님께서 주시는 새 힘으로 이기게 하여 주시옵소서. 주님과 동행하는 기쁨과 즐거움을 늘 누리게 하옵시고 늘 맑은 정신으로 최선을 다할 수 있도록 함께하여 주시옵소서.

온 가정이 함께 즐겁게 생활하여 좋은 영향력을 끼칠 수 있도록 축복하여 주시고, 이 기간을 통해 주님께 더 가까이 나아가는 귀한 기회가 되도록 축복하여 주시옵소서.

주님께서 모든 계획 가운데 인도하실 것을 믿사오며 예수님의 귀하신 이름 받들어 기도하옵나이다. 아멘.

군에 입대한 자녀가 있는 가정을 위한 기도

하나님이 나의 돕는 자시라 주께서 내 생명을 붙드는 자와 함께하시나이다(시편 54:4).

사랑과 은혜가 충만하신 하나님 아버지!

아버지의 이름을 높여드리옵나이다. 주께서 주의 이름을 모든 민족과 열방 가운데 나타내시고 영광을 받으시옵소서.

아버지께서 지극히 사랑하시는 ○○○자매(집사, 권사, 형제)님의 가정을 위해 기도하나이다. 나라의 부름을 받고 군대에 가 있는 ○○로 인해 ○○○자매(집사, 권사, 형제)님의 마음이 늘 염려스러운 것을 주께서 아실 줄 믿사옵나이다. 참으로 주께서 ○○의 돕는 자이시며 그 생명을 붙드는 자와 함께하시는 것(시편 54:4)을 아오니 주여, 주의 성령이 날마다 ○○이와 함께하여 주시옵소서.

주위 사방에서 돕는 자를 일으켜 주시며 좋은 상사와 후배를 만나며 귀한 동료들을 만날 수 있도록 축복하여 주시옵소서. 매일 드리는 기도 가운데서 주님이 만나 주시고 그 심사를 통촉하여 주시며, 그 기도를 응답하여 주시옵소서.

어려움이 있겠지만 잘 견뎌내게 하시고 오히려 주위에 좋은 영향력을 끼치는 그리스도의 편지가 되게 하여 주시옵소서. 군대에서의 훈련이 사회에 나와서도 귀한 밑거름이 될 수 있도록 가장 알맞은 훈련과 상황으로 인도하여 주시기를 간절히 기도드립니다.

주께서 그 시종을 아시오니 주께 모든 것을 의탁드리옵고, 감사하오며 예수님의 귀하신 이름으로 기도하옵나이다. 아멘.

주 여호와여 주는 나의 소망이시요 나의 어릴 때부터 의지시라 내가 모태에서부터 주의 붙드신바 되었으며 내 어미 배에서 주의 취하여 내신바 되었사오니 나는 항상 주를 찬송하리이다 나는 무리에게 이상함이 되었사오나 주는 나의 견고한 피난처이시오니 주를 찬송함과 주를 존숭함이 종일토록 내 입에 가득하리이다(시편 71:5-8).

땅 끝에 거하는 자가 주의 징조를 두려워 하나이다 주께서 아침 되는 것과 저녁 되는 것을 즐거워하게 하시며(시편 65:8).

네가 네 손이 수고한대로 먹을 것이라 네가 복되고 형통하리로다(시편 128:2).

사랑과 은혜가 풍성하신 하나님 아버지!

그 헹힘이 진실하시고 끝이 없으시오니 홀로 영굉과 찬양을 빋으시옵소서. 주의 지극한 긍휼과 자비가 온 땅과 온 하늘 위에 가득하오니 감사와 존귀를 받으시기를 원합니다.

오늘 주의 사랑하는 자녀의 생일을 맞아 주께 감사하옵기는 하나님 아버지의 놀라운 계획과 뜻이 언제나 함께하셨다는 것을 믿기 때문입니다. 모태에서부터 택정하시고 주께서 그 소망이 되셨고 어릴 때부터 의지가 되셨사오니 그 입술이 항상 주를 찬송(시편 71:5-8)하고 기뻐하게 하신 것으로 인해 감사를 드립니다.

그러므로 주여! 지금까지 이 자녀를 주의 성령으로 인도해 오셨던 것처럼 앞으로도 동일한 은혜로 인도해 주시기를 간구하나이다. 주께서 앞으로의 남은 생애도 아침 되는 것과 저녁 되는 것을 즐거워하게 하시고(시편 65:8), 주를 기뻐함으로 날마다 새 힘을 얻을 수 있도록 축복하여 주시옵소서. 주의 주권과 은혜 가운데 건강을 허락하여 주셔서 하나님 존전에 서는 그날까지 힘껏 주님의 일에 충성할 수 있도록 역사하여 주시옵소서.

이제 나이가 한 살이 더 늘겠지만 나이가 더할수록 지혜롭고 명철할 뿐 아니라 더욱 겸손하며 강건하여 진정 하나님이 인정하시고 기뻐하시는 자로 서게 하여 주시옵소서. 또한 더 깊은 기도와 말씀으로 인도하여 주시고 하나님 나라와 이웃을 위한 중보를 통해 하나님께 더 가까이 설 수 있도록 축복하여 주시기를 간구합니다.

또한 그 가정과 자녀를 축복하셔서서 손으로 수고한 것을 먹게 하시고 그 가족이 복되고 형통하게(시편 128:2) 하여 주시옵소서.

참으로 감사와 찬양과 영광을 돌려드리며 예수 그리스도의 귀하신 이름 받들어 기도하옵나이다. 아멘.

하나님이 가라사대 저가 나를 사랑한즉 내가 저를 건지리라 저가 내 이름을 안즉 내가 저를 높이리라 저가 내게 간구하리니 내가 응답하리라 저희 환난 때에 내가 저와 함께하여 저를 건지고 영화롭게 하리라 내가 장수함으로 저를 만족케 하며 나의 구원으로 보이리라 하시도다(시편 91:14-16).

거기 곧 너희 하나님 여호와 앞에서 먹고 너희 하나님 여호와께서 너희 손으로 수고한 일에 복 주심을 인하여 너희와 너희 가족이 즐거워할지니라(신명기 12:7).

인생의 모든 생사화복을 주관하시는 하나님!

주님의 은혜가 온 하늘과 온 땅 가운데 충만하오니 감사와 찬양과 영광을 받으시옵소서. 아버지의 지극한 사랑이 세계 모든 나라와 족속과 열방 가운데 충만하기를 간구하오며 예수 그리스도의 그 이름 앞에 천하만민이 무릎 꿇고 경배 드리기를 간구하나이다.

오늘 ○○○장로님(권사님, 집사님, 성도님)의 회갑(칠순)을 맞이하여 주께 감사와 찬양을 드리옵나이다. 60(70)년이란 세월이 영원한 하나님 나라에 비해 아주 짧은 시간이지만, 험악한 세상에서 살아가기에는 참으로 긴 날들이었습니다. 그날들을 주의 성실하심으로 지금까지 인도해 주신 것을 감사드리며 앞으로 남은 날들도 그렇게 인도하여 주실 것을 믿고 그로 인하여 감사와 찬양을 드리나이다.

주께서 하나님을 사랑하는 자를 건지시고 아버지의 이름을 아는 사람을 높이시며 간구할 때 응답하시며 환난 때에 함께하셔서 건지시고 영화롭게 하신다고 말씀하셨습니다. 또한 장수함으로 저를 만족케 하며 아버지의 구원을 보이신다고 약속하셨으니(시편 91:14-16) 그 말씀이 오늘 ○○○장로님(권사님, 집사님, 성도님)에게 이루어지기를 간구하나이다.

앞으로도 더욱 주님과 가까이 살게 하시고 주를 찬양하는 즐거움과 주께 예배드리는 기쁨을 누리도록 축복하여 주시옵소서.

또한 항상 하나님 아버지 앞에서 먹고 마시게 하시고 손으로 수고한 일에 복을 주셨음을 인해 온 가족이 함께 즐거워하게(신명기 12:7) 하옵소서. 주께서 주신 생명을 다하는 그날까지 주와 동행하며 하나님 나라를 위해, 다시 오실 예수 그리스도의 재림을 위해 충성을 다할 수 있도록 축복하여 주시옵소서. 이를 위해 사는 동안 건강을 허락하시고 가족들이 사랑으로 화목하게 하여 주시옵소서.

감사와 찬양과 영광을 돌려드리며 예수님의 귀하신 이름으로 기도하옵나이다. 아멘.

직장이 없는 성도를 위한 기도

여호와를 경외하며 그 도에 행하는 자마다 복이 있도다 네가 네 손이 수고한 대로 먹을 것이라 네가 복되고 형통하리로다(시편 128:1-2).

거룩하고 온전하사 그 행하심이 기이하신 하나님 아버지! 주의 주권과 권능이 온 하늘과 온 땅에 충만하오니 영광과 존귀와 찬양을 받으시옵소서. 주의 은혜가 온 천지 가운데 높으시니 주만 홀로 영광을 받으시기에 합당하오며, 주의 행하심은 옳으심을 고백하나이다.

주님! 이 시간 아버지의 거룩한 뜻과 계획 가운데 이끄시는 ○○○ 형제(자매)님과 그 가정을 기억하여 주시기를 간구하나이다. 주님의 말씀에 하나님을 경외하며 그 도에 행하는 자마다 그 손이 수고한 대로 먹을 것(시편 128:1-2)이라고 하셨습니다 그 약속을 따라 기도하오니 하루속히 ○○○형제(자매)님에게 직장을 허락하여 주시기를 간구합니다. 이 가정의 형편을 가장 잘 아시는 하나님께서 뜻 가운데 좋은 곳으로 인도하여 주시되 ○○○형제(자매)님이 잘할 수 있고 즐거이 할 수 있는 일을 허락하여 주시옵소서.

또한 있는 곳에서 충성을 다하게 하시고 처음에는 미약하게 출발할 지라도 성실함으로 그 직장에서 인정받게 하시며 하나님께서 주시는 지혜와 명철로 그 직장에서 귀한 일군이 될 수 있도록 축복하여 주시옵소서.

주와 동행하는 기쁨을 날마다 누림으로 세상에 빛을 발해 직장동료들이 자연스레 전도가 될 수 있도록 축복하여 주시옵소서. 무엇보다 시간이 많은 이때에 주님께 예배드리는 기쁨을 누리게 하시고 기도와 말씀으로 전진하게 하여 주시옵소서.

특히 주님의 생각은 우리 생각과는 다르며 주님의 길은 우리 길과는 다르다고 하셨습니다(이사야 55:8). 모든 것을 인도하시는 분은 하나님이시며 또한 모든 것이 아버지의 뜻 안에 있는 것을 믿게 하사 범사에 감사하게 하옵소서.

날마다 주님을 더 알아갈 수 있도록 축복해 주시며 이 가정 위에 주께서 자비와 긍휼로 함께하실 것을 믿고 예수님의 귀하신 이름으로 기도하옵나이다. 아멘.

취직한 성도를 위한 기도

여호와의 신 곧 지혜와 총명의 신이요 모략과 재능의 신이요 지식과 여호와를 경외하는 신이 그 위에 강림하시리니 그가 여호와를 경외함으로 즐거움을 삼을 것이며 그 눈에 보이는 대로 심판치 아니하며 귀에 들리는 대로 판단치 아니하며(이사야 11:2-3).

할렐루야, 인생을 인도하시는 참 좋으신 하나님 아버지!

여호와의 이름을 찬송하며 하나님 아버지의 광대하심을 찬양하옵나이다. 온 하늘과 온 땅이 주를 기뻐하며 주님의 영광 가운데 나아와 주님께 합당한 경배와 찬양을 드리기를 간구하나이다. 우리가 함께 그 기쁨의 잔치에 동참하고 주님의 이름을 높여드리며 찬양하기 원하오니 주어 받아 주시옵소서.

주님의 피로 죄 많은 저희를 사시고 부르셔서 오늘날까지 인도해 주신 것으로 인해 감사와 찬양을 드립니다. 또한 주님의 자비로 이 어려운 우리 나라의 상황 속에서 ○○○형제(자매)님의 직장을 허락해 주심을 인해 더욱 감사를 드립니다.

기도하옵기는 새롭게 직장생활을 시작하는 ○○○형제(자매)님과 날마다 동행하실 뿐 아니라 하나님께서 친히 지혜와 총명, 모략과 재능, 지식의 신으로 강림하사 즐겁게 여호와를 경외하게 하옵소서. 또한 직장 생활을 하는 동안 눈에 보이는 것과 귀에 들리는 것으로 판단하거나 앞서가지 않게 하시고 주님께서 주신 명철로 지혜롭게 생각할 수 있도록 축복(이사야 11:2-3)하여 주시옵소서. 또한 주어진 일에 즐겁고 기쁜 마음으로 최선을 다하게 하여 주시옵소서.

하오나 주님, 주어진 직장 일에 최선을 다하고 섬기되 일에 중독되어 넘어지지는 말게 하시고, 열심히 일한 후 여유를 즐기는 사람이 될 수 있도록 축복하여 주시며, 무엇보다 주님께 예배드리고 주님의 얼굴을 뵙는 시간을 잊지 말게 하옵소서.

주님께서 모든 인생의 주관자 되시오니 오직 감사와 찬양을 받으시옵소서. 홀로 영광과 존귀를 받으시기를 간구하오며 귀하신 예수 그리스도의 이름 받들어 기도하옵나이다. 아멘.

주께서 밭 고랑에 물을 넉넉히 대사 그 이랑을 평평하게 하시며 또 단비로 부드럽게 하시고 그 싹에 복 주시나이다 주의 은택으로 년사에 관 씌우시니 주의 길에는 기름이 떨어지며 들의 초장에도 떨어지니 작은 산들이 기쁨으로 띠를 띠었나이다(시편 65:10-12).

너는 주머니에 같지 않은 저울추 곧 큰 것과 작은 것을 넣지 말 것이며 네 집에 같지 않은 되 곧 큰 것과 작은 것을 두지 말 것이요 오직 십분 공정한 저울추를 두며 십분 공정한 되를 둘 것이라 그리하면 네 하나님 여호와께서 네게 주시는 땅에서 네 날이 장구하리라(신명기 25:13-15).

그 이름을 만군의 여호와라 하시는 하나님 아버지!

오직 아버지께서 찬양과 영광을 받으시옵소서. 모든 신에 뛰어나시며 지혜로 하늘을 지으시고 땅을 물 위에 펴신 하나님(시편 136:2-6)께서 감사와 찬양을 받으시기에 합당하오니, 홀로 경배를 받으시옵소서.

아버지의 인도하심 가운데 ○○○집사(장로, 권사, 형제, 자매)님이 승진하게 된 것을 기쁘게 생각하며 참으로 주께 감사와 찬양을 드립니다. 또한 어떤 곳이든 지위가 높아지는 것은 그만큼 많은 책임을 진다는 의미이니 주님께서 지금까지 인도하시고 보호하신 것처럼 앞으로도 함께하여 주시기를 기도하나이다.

무엇보다 주님을 더욱 알게 하시고 아버지의 이름을 아는 사람으로서 그 이름에 누가 되지 않도록 그 자신을 지켜 나가게 도와주시고 주님을 찬양하는 기쁨을 잃지 않도록 함께하여 주시옵소서.

또한 더 가진 자로서 저울추를 속여 공평하지 못하게 행하는 것이 아니라 하나님 앞에서 부끄럽지 않도록 매일 스스로를 돌아보아 하나님께서 주신 땅에서 그날이 장구(신명기 25:13-15)할 수 있도록 정의로운 삶을 살게 하옵소서. 윗사람에게는 공손하되 비굴하지 않게 하시고, 아랫사람에게는 먼저 솔선수범하여 존경을 이끌어 낼 수 있도록 하나님의 지혜와 명철로 함께하여 주시옵소서.

주님께서 이 가정과 ○○○집사(장로, 권사, 형제, 자매)님과 함께하셔서 찬양이 늘 넘쳐나게 하시고 주님께 예배드리는 기쁨이 있는 가정이 되게 하여 주옵소서. 혹 앞으로도 어려운 일들이 닥쳐올 때 주님을 믿음으로 넉넉히 이기게 하시고 주님께 영광 돌리는 가정이 되도록 축복하여 주시옵소서.

하나님 아버지께서 이 가정을 통하여 영광을 받으며 또한 ○○○ 집사(장로, 권사, 형제, 자매)님을 인해 찬양을 받을 것을 믿사옵고 감사드리며, 이 모든 말씀을 예수님의 귀하신 이름으로 기도하옵나이다. 아멘.

개업한 가정을 위한 기도

네 하나님 여호와께서 너로 아름다운 땅에 이르게 하시나니 그곳은 골짜기에든지 산지에든지 시내와 분천과 샘이 흐르고 밀과 보리의 소산지요 포도와 무화과와 석류와 감람들의 나무와 꿀의 소산지라 너의 먹는 식물의 결핍함이 없고 네게 아무 부족함이 없는 땅이며 그 땅의 돌은 철이요 산에서는 동을 캘 것이라 네가 먹어서 배불리고 네 하나님 여호와께서 옥토로 네게 주셨음을 인하여 그를 찬송하리라(신명기 8:7-10).

네 하나님 여호와를 기억하라 그가 네게 재물 얻을 능을 주셨음이라(신명기 8:18).

너희는 먼저 그의 나라와 그의 의를 구하라 그리하면 이 모든 것을 너희에게 더하시리라(마태복음 6:33).

온 천지 만물 가운데 유일하신 하나님 아버지!

홀로 존귀와 영광을 받으시옵소서. 주의 행하심이 참으로 놀랍고 기이하여 온 하늘이 주를 찬양하며 온 땅이 소리 높여 주의 이름을 부르나이다. 찬양을 받으시고 영광을 받으시옵소서.

주의 놀라운 주권으로 이 가정에 이렇게 아름다운 생활의 터전을 허락하시고 무사히 개업할 수 있도록 축복해 주셨으니 참으로 감사를 드립니다. 주께서 시작하셨으니 주께서 함께 경영하실 것을 믿사오며, 이곳(영업장)이 시내와 분천이 흘러 귀한 밀과 보리, 포도, 무화과, 석류, 감람나무와 꿀의 소산지가 되어 이 가정이 먹는 식물에 결핍함이 없으며 아무 부족함이 없는 삶이 되게 하실 줄로 믿습니다. 참으로 하나님 아버지께서 이곳(영업장)을 옥토가 되게 하사 풍성한 소출이 있게 하심으로 이 가정이 주님을 찬송(신명기 8:7-10)하게 하옵소서.

주님을 기뻐함이 넘치는 곳이 되게 하시고 그리스도의 향기를 품어내는 곳이 되게 하시되 받은 축복을 나눌 수 있도록 마음을 열어 주시옵소서. 때때로 이웃을 돌아보는 마음을 허락하시고 또한 모든 나라와 열방을 향한 선교사들을 기억하고 기도할 뿐만 아니라 재정적으로도 후원할 수 있도록 축복하여 주시옵소서.

참으로 무엇보다 먼저 그의 나라와 의를 구하게 하시고(마태복음 6:33), 무엇보다 하나님 아버지께서 재물 얻을 능력을 주신 것(신명기 8:18)을 늘 기억하게 하시며, 이곳에 오가는 사람들 또한 축복을 누리게 하옵소서.

하나님의 놀라운 뜻과 계획이 이곳을 통하여 성취되어 예수 그리스도의 다시 오실 길이 예비되기를 간구하오며 그 마음이 늘 겸손하여 주님께 나아갈 때 주님께서 영광을 받으시고 찬양을 받으시옵소서. 다시 오실 예수 그리스도의 이름으로 기도하옵나이다. 아멘.

이사한 가정을 위한 기도

여호와는 나의 산업과 나의 잔의 소득이시니 나의 분깃을 지키시나이다 내게 줄로 재어 준 구역은 아름다운 곳에 있음이여 나의 기업이 실로 아름답도다(시편 16:5-6).

볼지어다 내가 문밖에 서서 두드리노니 누구든지 내 음성을 듣고 문을 열면 내가 그에게로 들어가 그로 더불어 먹고 그는 나로 더불어 먹으리라(요한계시록 3:20).

네가 들어와도 복을 받고 나가도 복을 받을 것이니라(신명기 28:6).

우리의 힘이 되시며 반석과 요새가 되시는 하나님 아버지!

오직 주께만 소망을 두며 아버지께만 영광을 돌려 드립니다. 찬송 받으시기에 합당하신 그 이름으로 모든 민족과 열방 가운데 행하시며 그 뜻을 나타내시옵소서.

주님의 거룩한 은혜가 이 가정에 함께하셔서 그 산업과 잔의 소득이 넘치게 하시고, 그 분깃을 지키심(시편 15:5)으로 인해 감사드리나이다. 특별히 아버지께서 새로운 거처를 허락해 주시고 이곳이 진정 아름답고 쉴 만한 처소가 될 수 있도록 허락해 주신 것으로 인해 감사드립니다.

이곳에서 날마다 주님을 만나며 예배드리는 기쁨을 누리게 하시고 주님과 동행하는 즐거움을 알게 하여 주시옵소서. 좋은 이웃을 만나

서로 베풀며 살게 하여 주옵시고 아름다운 그리스도의 향기를 전할 수 있도록 축복하여 주시옵소서.

또한 이곳이 주님께서 줄로 재어 준 구역임을 믿사오니 아름다운 기업(시편 16:6)이 되도록 은혜를 내려 주시옵소서. 하나님께서 여기에서 함께 먹고 마심(요한계시록 3:20)으로 인해 들어와도 복을 받고 나가도 복을 받는(신명기 28:6) 귀한 가정이 되게 하여 주시옵소서. 또한 이 은혜를 이웃과 교회에 나눌 수 있도록 축복하여 주시옵소서.

감사와 찬양을 주께 돌려드리며 예수님의 귀하신 이름 받들어 기도하옵나이다. 아멘.

새신자 가정을 위한 기도

복 있는 사람은 악인의 꾀를 좇지 아니하며 죄인의 길에 서지 아니하며 오만한 자의 자리에 앉지 아니하고 오직 여호와의 율법을 즐거워하여 그 율법을 주야로 묵상하는 자로다 저는 시냇가에 심은 나무가 시절을 좇아 과실을 맺으며 그 잎사귀가 마르지 아니함 같으니 그 행사가 다 형통하리로다 악인은 그렇지 않음이여 오직 바람에 나는 겨와 같도다(시편 1:1-3).

대저 의인의 길은 여호와께서 인정하시나 악인의 길은 망하리로다(시편 1:6).

사랑과 은혜가 풍성하신 하나님 아버지!

아버지의 이름이 높임을 받기를 원하나이다. 주의 거룩하신 이름을 온 땅 가운데 나타내시는 하나님께서 특별히 이 가정 위에 주의 긍휼을 베풀어 주심을 인해 감사드립니다.

주님 이 가정을 복있는 가정이 되게 하셔서 악인의 꾀를 좇지 아니하며 죄인의 길에 서지 아니하며 오만한 자의 자리에 앉지 않도록 하여 주시옵소서. 오직 하나님 아버지와 즐겁게 동행하며 주의 말씀을 날마다 묵상하여 참으로 시냇가에 심기운 나무처럼 때에 따라 과실을 맺게 하시고 그 잎사귀가 마르지 않게 하시며 그 행사가 다 형통(시편 1:1-3)하게 하옵소서. 대저 의인의 길은 하나님께서 인정하신다고 말씀하셨사오니(시편 1:6) 이 가정이 주께서 인정하고 기뻐하시는 가정이 되기를 간구하나이다.

　아버지께서 친히 이 가정의 목자가 되어 주셔서 낮의 해와 밤의 달이 상치 못하도록 지켜 보호하여 주시옵소서. 매일 조금씩 주님을 더 아는 즐거움을 누리게 하시고 예배드림의 기쁨을 알게 하여 주시옵소서. 이 가정을 통해 주께서 영광 받으실 것을 믿사옵고 주께 감사드리며 예수님의 귀하신 이름으로 기도하옵나이다. 아멘.

핍박이 있는 가정을 위한 기도

하나님이여 나를 보호하소서 내가 주께 피하나이다 내가 여호와께 아뢰되 주는 나의 주시오니 주 밖에는 나의 복이 없다 하였나이다(시편 16:1-2).

여호와는 나의 산업과 나의 잔의 소득이시니 나의 분깃을 지키시나이다(시편 16:5).

진실하시고 변함 없는 신실하신 하나님 아버지!

거룩하신 주께 영광과 존귀와 찬양을 드립니다. 하나님께서는 살아계시고 역사하시며 이 세상의 주관자가 되시오니 오늘 이 가정에 주의 권능을 나타내시고 주의 은혜와 자비를 베풀어 주시옵소서.

○○○자매(집사, 권사, 형제)님이 주님의 이름을 의지하여 주께 나아가 그 사정을 아뢰오니, 하나님 아버지께서 ○○○자매(집사, 권사, 형제)님의 주와 전능하신 구원자가 되어주셔서 보호(시편 16:1-2)해 주시고 또한 이 핍박과 환난으로부터 능히 이기게 하옵소서.

참으로, 아버지께서는 우리의 산업과 잔의 소득이시며 우리의 분깃을 지키신다(시편 16:5)고 말씀하셨사오니 ○○○자매(집사, 권사, 형제)님과 함께하여 주시옵소서. 어려움 가운데서도 소망을 잃지 않게 하시고 핍박이 있어도 상대방을 미워하지 않도록 마음의 평강을 허락하여 주시옵소서. 또한 날마다 주님의 고난을 생각하며 그들을

축복하게 하시고 함께 주님을 섬기며 주님 안에서 서로를 깊이 이해
하고 사랑할 수 있도록 은혜를 더하여 주시옵소서.

참으로 세상에 살아있는 모든 사람들이 주님을 만남으로 온전해질
수 있다는 것을 믿사오니, ○○○자매(집사, 권사, 형제)님을 핍박하
는 ○○○님이 깊이 주님을 만날 수 있는 환경을 허락하여 주시고 아
름다운 변화를 통하여 다른 이를 행복케 하는 주의 자녀가 되게 하옵
소서.

○○○자매(집사, 권사, 형제)님이 날마다 주님의 얼굴을 보며 주님
과 동행하게 하시고 주님께 예배드리는 기쁨을 누릴 수 있도록 축복
하여 주시옵소서. 머지 않아 ○○○자매(집사, 권사, 형제)님의 생애
를 통해 영광을 받으실 것을 믿사옵고 감사와 찬양을 주께 드리며, 예
수 그리스도의 놀라운 이름 받들어 기도하옵나이다. 아멘.

가족이 믿지 않는 가정을 위한 기도

주 예수를 믿으라 그리하면 너와 네 집이 구원을 얻으리라 하고(사도행전 16:31).

사랑과 구원의 주 하나님 아버지!

온 세상의 창조주가 되신 하나님 아버지께 영광과 찬양을 돌려드립니다. 천지만물 가운데 우리를 기억하시고 하나님의 자녀가 되게 하신 은혜가 얼마나 놀랍고 큰지 참으로 감사를 드립니다. 또한 ○○○자매(집사, 권사, 형제)님을 창세 전부터 택하시고 위하여 아들을 제물로 삼아 죄를 대속해 주신 은혜를 감사드립니다.

오늘, 하나님 아버지께 ○○○자매(집사, 권사, 형제)님이 믿지 않는 가족을 위해 드리는 간절한 간구를 받아 주시옵소서. "주 예수를 믿으라 그리하면 너와 네 집이 구원을 얻으리라"(사도행전 16:31)고 약속하신 말씀을 기억하며 주님 앞에 무릎을 꿇었습니다. 우리에게 많은 재물이 있고 명예가 있다고 할지라도 생명이 없으면 아무 소용이 없는 것을 기억하기에, ○○○자매(집사, 권사, 형제)님의 가족들을 향한 하나님의 구원의 계획과 역사가 하루 속히 이루어 지기를 간구하나이다.

먼저 ○○○자매(집사, 권사, 형제)님에게 예수님을 믿게 하시고 생명의 길로 인도하셨으니 ○○○자매(집사, 권사, 형제)님의 가족들 또한 구원의 길로 인도하여 주시옵소서. 주님께서 이 가정을 구원코자 ○○○ 자매(집사, 권사, 형제)님을 먼저 인도하신 것을 믿습니다. 온 가족이 모여 주님께 예배드리는 기쁨을 누리게 될 때까지 주님께서 동행하여 주시고 날마다 믿음으로 기도할 수 있도록 확신과 열심을 더하여 주시옵소서.

감사와 찬양을 주님께 올려 드리며 예수님의 귀하신 이름 받들어 기도하옵나이다. 아멘.

시험과 어려움을 당한 가정을 위한 기도

여호와여 나의 말에 귀를 기울이사 나의 심사를 통촉하소서 나의 왕, 나의 하나님이여 나의 부르짖는 소리를 들으소서 내가 주께 기도하나이다 여호와여 아침에 주께서 나의 소리를 들으시리니 아침에 내가 주께 기도하고 바라리이다(시편 5:1-3).

사람이 감당할 시험밖에는 너희에게 당한 것이 없나니 오직 하나님은 미쁘사 너희가 감당치 못할 시험당함을 허락지 아니하시고 시험 당할 즈음에 또한 피할 길을 내사 너희로 능히 감당하게 하시느니라(고린도전서 10:13).

우리가 알거니와 하나님을 사랑하는 자 곧 그 뜻대로 부르심을 입은 자들에게는 모든 것이 합력하여 선을 이루느니라(로마서 8:28).

만왕의 왕이 되시며 만군의 주가 되신 하나님 아버지!

영광과 찬양을 받으시옵소서. 온 세상의 주인되신 아버지께 모든 역사와 정의와 주권이 있사오니 홀로 경배를 받으시옵소서.

살아계시고 역사하시는 주님 앞에 기도하옵기는, ○○○자매(집사, 권사, 형제)님 가정에 함께하셔서 그 말에 귀를 기울이시고 그 심사를 통촉하여 주시옵소서. ○○○자매(집사, 권사, 형제)님의 부르짖는 소리를 들어 주시옵소서. 아침에 깰 때에나 밤에 묵상 가운데 있을 때, ○○○자매(집사, 권사, 형제)님의 간절한 소리를 들으시고 그 기도에 응답(시편 5:1-3)하여 주시옵소서.

이 가정으로 하여금 주님은, 자녀들의 모든 사정을 미리 아는 분이시며, 우리가 감당할 만한 시험 외에는 당하시 않게 하시고 또한 피할 길을 내사 능히 감당하게 하시는 분(고린도전서 10:13)이심을 믿게 하시고, 말씀에 의지하여 기도할 때에 주께서 그 길을 열어 주시옵소서.

ㅇㅇㅇ자매(집사, 권사, 형제)님에게 길을 보여 주시고 이 어려움을 능히 감당할 수 있도록 축복하여 주시옵소서. 주께서 날마다 새 힘으로 공급하여 주옵시고 이 어려움의 시간 동안 주님께 더 가까이 나아가 주님의 얼굴을 볼 수 있도록 은혜를 내려 주시고 주의 성령으로 함께하사 예배드리는 기쁨을 회복하게 하옵소서.

이 모든 일 가운데 주의 역사하심을 믿으며, 또한 이 모든 일이 합력하여 선을 이루게 하실 줄로 믿습니다. 이 일을 통해 아버지께서 영광을 받으실 것을 믿사옵고 예수님의 귀하신 이름 받들어 기도하옵나이다. 아멘.

부부간 불화가 있는 가정을 위한 기도

이러므로 남자가 부모를 떠나 그 아내와 연합하여 둘이 한 몸을 이룰지로다(창세기 2:24).

사랑이 풍성하신 하나님 아버지!

아버지의 지극한 은혜에 감사와 찬송을 올려드립니다. 주께서 모든 역사의 주관자가 되시며 살아계시는 하나님이시므로 오늘 이 가정에서 드리는 기도를 들어 응답하여 주시옵소서. 이 가정에 주의 자비와 긍휼을 부어 주시고 아버지의 위로와 격려를 더하여 주시옵소서.

아버지, 우리가 예수님께 얼마나 큰 사랑을 받았는지를 기억하게 하옵소서. 값없이 받은 사랑을 깊이 깨달음으로 상대방을 내 몸과 같이 사랑하게 인도하여 주시옵소서. 그리하여 하나님께서 허락하시고 축복하셔서 두 사람이 연합하여 한 봄을 이뤘다는 것을 깨닫게 하여 주시옵소서. 결혼예배 때 하나님 앞에서 서로에게 약속한 것을 다시 기억나게 하시어 서로를 향한 첫 마음과 사랑을 회복하게 하옵소서.

먼저 각 사람이 받은 아픔이나 상처가 있다면 주께서 만지시고 위로와 사랑을 부어주시기를 간구하나이다. 주께서 패인 골을 메워 주시옵소서. 서로를 향한 사랑으로 이런저런 어려움들을 극복해 낼 수 있도록 축복하여 주시옵소서. 서로의 단점을 들추어 고통을 더하기보다는 서로의 장점들을 더욱 살릴 수 있는 귀한 관계가 되도록 역사하여 주시옵소서. 주님의 마음으로 서로를 축복하며 기도하게 하옵시고 무엇보다 주님께 깊은 감사와 찬양으로 나아가게 하셔서 주님께서 주신 복이 얼마나 많은지 알게 하여 주시옵소서. 사랑은 서로를 향해 기꺼운 마음으로 희생하는 것임을 다시 기억하게 하시고, 서로 더 양보하는 마음을 가지도록 축복하여 주시옵소서.

이 가정의 회복을 통해 주님께서 영광을 받으시고 찬양을 받으시길 원하오며 예수님의 이름으로 기도하옵나이다. 아멘.

환자가 있는 가정을 위한 기도

나의 힘이 되신 여호와여 내가 주를 사랑하나이다 여호와는 나의 반석이시요 나의 요새시요 나를 건지시는 자시요 나의 하나님이시요 나의 피할 바위시요 나의 방패시요 나의 구원의 뿔이시요 나의 산성이시로다 내가 찬송받으실 여호와께 아뢰리니 내 원수들에게서 구원을 얻으리로다 사망의 줄이 나를 얽고 불의의 창수가 나를 두렵게 하였으며 음부의 줄이 나를 두르고 사망의 올무가 내게 이르렀도다 내가 환난에서 여호와께 아뢰며 나의 하나님께 부르짖었더니 저가 그 전에서 내 목소리를 들으심이여 그 앞에서 나의 부르짖음이 그 귀에 들렸도다 (시편 18:1-6).

우리가 알거니와 하나님을 사랑하는 자 곧 그 뜻대로 부르심을 입은 자들에게는 모든 것이 합력하여 선을 이루느니라(로마서 8:28).

저희의 힘이 되신 여호와여 우리가 주를 사랑하고 사랑하나이다. 하나님 아버지만이 우리의 반석이시며 요새가 되시며 환난 가운데서 우리를 건지시는 분이심을 믿습니다(시편 18:1-2).

주께서 오늘 ○○○자매(집사, 권사, 형제)님과 함께하여 주시옵소서. 찬송받으시기에 합당하신 아버지께서 ○○○자매(집사, 권사, 형제)님의 사정을 가장 잘 아시는 줄 믿사옵나이다.

○○○자매(집사, 권사, 형제)님께서 ○○○병으로 고생하고 있는 것을 아시오니 주의 권능의 팔과 치유의 능력으로 함께하여 주시옵소서.

치료는 의사들이 하지만 치유하시는 분은 하나님이신 줄 믿사오니 주의 은혜를 ○○○자매(집사, 권사, 형제)님에게 내려 주시옵소서. 사망의 줄이 우리를 얽고 불의의 창수가 우리를 두렵게 하였으며 음부의 줄이 우리를 두르고 사망의 올무가 우리에게 이르렀을지라도 그 가운데서 하나님께 아뢰며 그 부르짖음을 들으신다(시편 18:4-6)는 말씀을 기억합니다. 그 말씀대로 오늘 ○○○자매(집사, 권사, 형제)님과 그 가정이 주께 부르짖을 때 기도를 들어 응답하여 주시옵소서.

주님은 모든 일을 합력하여 선을 이루시는(로마서 8:28) 하나님이시오니 이 일을 통하여 주님께서 영광을 받으실 것을 믿으며 이 가정에 주의 자비와 긍휼이 넘칠 것을 믿사옵나이다.

감사드리며 예수님의 귀하신 이름으로 기도하옵나이다. 아멘.

수술할 환자가 있는 가정을 위한 기도

힘과 능력이 되시는 전능하신 하나님 아버지!

주님만이 우리의 힘이시요 모든 환난 가운데 의지가 되시는 분이심을 고백하나이다. 모든 생명의 근원이 주께 있고 치유의 능력도 주께 있음을 고백하오니 홀로 찬양과 영광을 받으시기에 합당하신 하나님 아버지께서 오늘 이 가정에 능력으로 함께하여 주시옵소서.

곧 ○○○자매(집사, 권사, 형제)님이 ○○○으로 수술받게 되었습니다. 수술을 집도하는 의사의 손을 주께서 주장하여 주셔서 실수하지 않으며 최선을 다하게 하여 주시옵소서. 하나님께서 치유의 능력으로 강력히 함께하시고 주님의 권능의 팔로 역사하여 주시옵소서.

이 일로 인해 가족들의 심려가 크오니 그 마음을 위로하여 주옵시고 어려움 속에서도 서로를 더 사랑하게 하옵시며 가족의 의미를 다시 한 번 되새기는 귀한 기회가 되게 하옵소서.

인간의 한계를 알게 하셨으니 하나님의 창조주 되심과 모든 생사화복의 근원 되심을 깊이 알게 하사 주님께 더욱 감사하고 찬양하게 하옵소서. 이 일을 통해 주께서 영광을 받으시길 원하오며 예수님의 귀하신 이름 받들어 기도하옵나이다. 아멘.

우리에게 우리 날 계수함을 가르치사 지혜의 마음을 얻게 하
소서 …… 아침에 주의 인자로 우리를 만족케 하사 우리 평생에
즐겁고 기쁘게 하소서 우리를 곤고케 하신 날수대로와 우리의
화를 당한 년수대로 기쁘게 하소서 주의 행사를 주의 종들에게
나타내시며 주의 영광을 저희 자손에게 나타내소서(시편 90:12-
16).

살아계시고 역사하시는 하나님 아버지! 아버지의 영광이 온 땅에
충만하오니 홀로 영광을 받으시옵소서. 주님만이 온 세상 역사의 주
관자이시며 아버지만이 찬양받으시기에 합당하신 하나님이십니다.

주님의 온전한 계획과 역사 가운데 한 사람을 이 땅에 태어나게 하
시고 그 모든 생애 동안 함께하시다가 이제 본향으로 돌아가게 하심
을 인해 주님께 감사하옵나이다. 다만 기도하옵는 것은 하나님께서
그 생명을 여기서 거두실 것이라면 너무 고통스럽지 않게 편안하게
자는 듯이 주님 곁으로 갈 수 있는 축복을 더하여 주시옵소서.

하오나 주님! 우리의 짧은 생각과 이해로는 ○○○자매(집사, 권사,
형제)님을 아버지 곁으로 부르시는 하나님의 크고 놀라운 뜻을 다 알
지 못하여 헤어짐의 슬픔이 있음을 고백하나이다. 남아 있을 가족을
기억하시고 깊은 위로와 격려로 함께하여 주시옵소서. 주께서 주의

행사를 주의 종들에게 나타내시고 주의 영광으로 남아 있을 가족들에게 임하여(시편 90:12-16) 주시길 간구하나이다.

또한 하나님을 모르는 주위의 사람들에게는 우리가 평생 이렇게 살 일이 아니라 우리의 날이 정해져 있음을 기억하고 하나님께로 돌아오는 역사가 일어나게 하옵소서.

하나님 나라에서 다시 만나 주님을 찬양하며 즐겁게 찬송을 부를 그날까지 우리 모두에게 주님의 은총으로 함께하시기를 간구하오며 예수 그리스도의 귀하신 이름 받들어 기도하옵나이다. 아멘.

3) 각종 모임의 대표기도 및 헌금기도

 성가연습 대표기도

이 백성은 내가 나를 위하여 지었나니 나의 찬송을 부르게 하려 함이니라(이사야 43:21).

할렐루야! 거룩하고 신실하신 하나님 아버지께 찬양과 감사를 드립니다. 주의 행하심이 온 하늘과 온 땅위에 광대하시며 높으시니 홀로 영광과 존귀를 받으시옵소서.

찬양을 받으시기에 합당하신 아버지!

지금은 성가를 연습하는 시간입니다. 연습이라 할지라도 주님께 드리는 찬양인 것을 기억하고 전심을 다해 노래하게 하시며 아버지께서 아버지를 위하여 찬송을 부르게 하기 위해 지은 자녀(이사야 43:21)들의 입술의 찬양을 받아 주시옵소서.

지휘자와 반주자, 그리고 노래하는 모두가 주님 안에서 한 마음으로 연습에 임하게 하시며 주님을 찬양하는 기쁨을 누리게 하옵소서. 주의 이름이 이 가운데서 영광을 받으시길 바라오며 예수님의 거룩하신 이름으로 기도하옵나이다. 아멘.

이에 저희 마음을 열어 성경을 깨닫게 하시고(누가복음 24:45).

나의 거룩한 산 모든 곳에서 해됨도 없고 상함도 없을 것이니 이는 물이 바다를 덮음 같이 여호와를 아는 지식이 세상에 충만할 것임이니라(이사야 11:9).

내 백성이 지식이 없으므로 망하는도다(호세아 4:6).

우리 주 예수 그리스도의 하나님, 영광의 아버지께서 지혜와 계시의 정신을 너희에게 주사 하나님을 알게 하시고(에베소서 1:17).

온 하늘과 온 땅 가운데서 찬양 받으시기에 합당하신 하나님 아버지!

아버지의 거룩한 이름이 영광을 받으시오며 높임을 받으시옵소서.

지금은 주님의 말씀으로 주를 알며 하나님을 아는 지식을 더하기 위해 성경공부를 하는 시간이오니 저희의 마음을 열어 말씀을 깨닫게 하여 주시옵소서(누가복음 24:45). 참으로 주의 산에 해됨도 없고 상함도 없는 이유가 물이 바다를 덮음같이 여호와를 아는 지식이 세상에 충만하기 때문(이사야 11:9)이라고 말씀하셨고, 이스라엘 백성이 지식이 없으므로 망한다(호세야 4:6)고 말씀하셨으니 이 시간 말씀의 소중함을 기억하고 마음을 열어 주님의 음성을 귀를 기울이는 저희가 되게 하옵소서.

저희에게 지혜와 지식의 영을 부어 주사 하나님을 알게 하옵소서. 주의 영광을 저희 가운데 나타내시며 말씀 그 자체이신 예수님을 깨닫게 하여 주시옵소서.

주님의 임재로 함께하는 귀한 시간되기를 간구하오며 예수 그리스도의 이름 받들어 기도하옵나이다. 아멘.

식사 대표기도

네가 네 손이 수고한대로 먹을 것이라 네가 복되고 형통하리
로다(시편 128:2).

일용할 양식을 내려주시는 하나님 아버지!

지금 형제 자매들이 주의 이름으로 모여 함께 떡을 떼는 은혜를 내
려 주시니 감사하나이다. 우리의 손으로 수고한 대로 먹을 수 있는 축
복(시편 128:2)을 더하여 주심에 감사하옵고, 더 나아가 함께 식사를
나눌 사람들을 허락해 주심으로 인해 더욱 감사하옵나이다.

이 음식을 준비한 손길 위에 주님의 축복이 함께하옵시고 먹는 이
들은 영육으로 더욱 강건케 하여 주시옵소서. 또한 저희는 예수님의
살과 피를 먹고 마시는 자들이오니 이에 합당하게 행하게 하시고, 범
사에 감사하며 교제하게 하옵소서.

주님의 나라가 임하는 귀한 시간되기를 간구하오며 예수님의 귀하
신 이름으로 기도하옵나이다. 아멘.

우리 각 사람에게 그리스도의 선물의 분량대로 은혜를 주셨나니(에베소서 4:7).

그가 혹은 사도로, 혹은 선지자로, 혹은 복음 전하는 자로, 혹은 목사와 교사로 주셨으니(에베소서 4:11).

우리가 다 하나님의 아들을 믿는 것과 아는 일에 하나가 되어 온전한 사람을 이루어 그리스도의 장성한 분량이 충만한데까지 이르리니(에베소서 4:13).

저희의 생사화복을 주관하시는 하나님 아버지!

영광과 감사와 찬양을 받으시옵소서. 우리 삶의 모든 영역에서 주의 주권과 인도하심이 날마다 넘치므로 인하여 감사를 드립니다. 하나님의 은혜와 축복에 감사하여 이제 우리가 구별하여 드린 이 헌금이 주께서 기뻐하시는 곳에 쓰이기를 간구하나이다. 무엇보다 주의 나라와 의를 구하는 데 먼저 쓰이게 하옵소서.

헌금한 손길을 기억하여 주시되, 주님께서는 우리 각 사람에게 그리스도의 선물의 분량(에베소서 4:7)대로 혹은 사도로, 혹은 선지자로, 혹은 복음 전하는 자로, 혹은 목사와 교사로 은혜를 주셨으니(에베소서 4:11) 온전히 사명을 감당하여 더 큰 축복을 받게 하옵소서. 또한 저희 모두가 다 하나님의 아들을 믿는 것과 아는 일에 하나가 되어 그리스도의 장성한 분량에 이를 때까지(에베소서 4:13) 성령으로 충만케 하사 날마다 주를 닮아가는 참 제자가 되게 하옵소서.

주께서 이 헌금이 쓰여지는 곳곳마다 영광을 받으시기를 간구하오며 예수님의 존귀하신 이름으로 기도하옵나이다. 아멘.

말씀으로 여는 대표기도문 | **내가 쓰는 대표기도**

헌금기도 2

찬양 받으시기에 합당하신 하나님 아버지!

주의 이름이 온 땅에 어찌 그리 아름다운지요. 주의 행하심이 참으로 기이하오니 주의 이름을 찬양하나이다. 주님! 주의 존전에서 주의 얼굴을 뵙고 그 기쁨 가운데 주께서 우리에게 주신 것에서 구별하여 예물을 드리오니 열납하여 주시옵소서.

주님의 주권과 권능으로 주님의 나라를 확장하는 데 이 예물이 쓰이게 하시고 주께서 주장하시는 일에 합당하게 사용되도록 역사하여 주시옵소서. 또한 부족한 중에서 힘써 구별하여 드린 손길을 기억하여 주시고 넘치도록 축복으로 갚아 주시옵소서.

일할 수 있는 환경을 허락해 주시며 손으로 수고하여 얻는 기쁨을 누리도록 축복하여 주시옵소서. 매순간 더욱 깊이 주님과 만나게 하시며 청지기로서의 삶을 잘 감당하게 하옵소서. 주의 이름을 찬양하오며 예수 그리스도의 이름으로 기도하옵나이다. 아멘.

2부

기도의 실제
주일학교예배

어린이 예배

 **어린이 주일 낮 예배 대표기도 1**

사랑이 많으신 하나님 아버지!

주님의 사랑과 은혜를 감사드려요. 오늘도 아버지의 변함없는 사랑으로 저희를 인도하시고 보호하시니 참으로 감사를 드립니다.

어린아이를 축복하신 예수님, 지난 한 주 동안 지은 죄를 주님께 고백하고 용서받기 원합니다. 친구나 형제자매를 주님의 사랑으로 품지 못하고 싸우기도 했고 부모님의 말을 듣지 않고 공경하지 않았어요. 모든 일에 감사하지 않고 주님을 의지하지 않았던 죄도 하나님께 고백하오니 용서해 주세요. 이렇게 저희 죄를 고백하며 회개할 때 주께서 용서해 주신 것으로 믿고 감사드립니다.

주님, 모든 어린이가 날마다의 생활 속에서 항상 아버지와 함께 동

행하며 주님께 감사하고 찬양을 드리는 어린이가 되게 해 주세요. 그
래서 저희 모든 생활 가운데 주님께 영광을 돌릴 수 있게 해 주세요.
그런 아이가 될 수 있도록 주님께서 만져 주시고 이끌어 주세요.

예수님, 오늘 주님 앞에 모두 모여 고개를 숙였어요. 오늘 드리는
이 예배가 주께서 기쁘게 받으실 만한 예배가 되도록 성령님으로 함
께해 주시고, 저희의 모든 기도와 찬양을 인도해 주세요.

마치는 시간까지 주께서 인도하시기를 간절히 바라며 저희를 사랑
하시는 주님의 이름으로 기도 합니다. 아멘.

사랑과 은혜가 풍성하신 하나님 아버지!

하나님의 크고 놀라운 사랑을 감사드려요. 하나님 아버지만이 온 세계 만물 가운데서 찬양과 영광을 받으시기에 합당하시니 홀로 찬양을 받으세요.

예수님의 은혜로 모여 주께 예배드리는 이 자리에 저희를 불러 주셔서 감사드립니다. 저희를 어리다 하지 마시고 더 큰 사랑으로 돌보아 주시는 주님을 저희들이 느끼게 도와주시고 살아계신 주님을 만날 수 있도록 함께 해 주세요.

주님! 저희가 주님을 깊이 만나기를 원합니다. 저희의 부모님처럼 하나님과 대화하고 만나고 싶어요. 이 자리에 주님의 성령으로 임재하여 주시고 예배드림이 기쁨되게 해 주세요.

또한 아직 어리지만 주님을 섬기는 법을 알게 하여 주시고 생활 가운데 그리스도인의 향기를 전하는 귀한 사람이 되도록 축복하여 주세요. 친구를 사랑하되 약한 친구를 더 아낄 줄 알게 하시고, 남보다 먼저 다가가 사랑을 나눌 줄 알게 도와주시며 부모님의 말씀에도 순종하게 도와주세요.

오늘 말씀을 통해 저희가 주님을 더 잘 알게 하시고 저희의 생활을 통해 하나님 아버지께서 영광을 받으세요. 감사를 드리며 예수님의 이름으로 기도합니다. 아멘.

예수는 그 지혜와 그 키가 자라가며 하나님과 사람에게 더 사랑스러워 가시더라(누가복음 2:52).

우리의 모든 인생을 계획하시고 주님의 뜻대로 그 길을 인도하시는 주님의 이름을 찬양합니다. 주님! 주님의 보호하심 가운데 지난 한 해를 무사히 지내게 하시고 새 학년을 맞이하게 하시니 감사드려요. 하나님, 새롭게 시작되는 이 학기를 주님께 드리니 주님의 뜻대로 인도하여 주세요.

새로 만나는 친구들에게 주님의 빛을 발하는 어린이가 되게 하여 주시고, 믿지 않는 아이들에게 참으로 좋으신 주님을 전할 수 있도록 용기를 주세요. 또한 예수님께서 어렸을 적에 지혜와 키가 자라가며 하나님과 사람에게 더 사랑스러워 갔던 것처럼, 저희들노 키와 지혜가 자라게 해 주시고 하나님과 사람에게 사랑스러워갈 수 있도록 축복해 주세요(누가복음 2:52).

주님을 더욱 사랑하고, 주님과 함께하는 것을 더욱 기뻐하는 우리가 되게 해 주세요. 그래서 항상 예수님의 마음으로 모든 일을 행하고, 모든 일을 통해 주님의 이름을 높이는 어린이가 되게 해 주세요.

그리고 예수님이 이 땅에서 최선을 다하셔서 하나님의 나라와 의를 위해 일하셨던 것처럼, 저희도 모든 일에 최선을 다하여 하나님께 영광 돌리는 아이가 되길 원합니다. 저희는 믿음이 적고 부족하니 주께서 모든 발걸음을 도와주시고 주님의 뜻대로 인도해 주세요.

항상 새로운 일들을 행하실 주님을 기대하며 주님의 이름으로 기도합니다. 아멘.

하나님, 새로운 학기를 맞게 해 주셔서 감사드립니다. 지난 학기를 주님의 인도와 보호 아래 무사히 보내게 하시고 주님을 더 알게 인도해 주심을 감사해요.

새 학기의 첫 날뿐만 아니라 저희의 매일매일이 주 안에서 새로운 하루가 되게 해 주세요. 저희에게 가장 좋은 것을 주시길 기뻐하시는 사랑의 예수님, 날마다 주님이 오늘은 저희에게 어떤 일을 하실지 기대하며 살게 해주세요. 그런 기대감과 기쁨이 하루하루 커지게 해 주세요.

무엇보다 개미가 쉬지 않고 일하며 움직이는 것처럼, 우리가 어떤 일을 하든지 그런 열심을 가지고 배우게 되길 원합니다. 모든 일을 주님께 하듯 열심히 생활하게 해 주세요.

저희를 사랑하시는 예수님, 아직 주님을 몰라 불행하게 살고 있는 친구들과 주위 사람들을 돌아보기를 원해요. 예수님이 저희를 사랑해 주시는 마음으로 그들을 사랑하고 그들이 주님을 믿도록 항상 기도하게 도와주세요.

이 모든 말씀을 나를 사랑하시는 예수님의 이름으로 기도합니다. 아멘.

하늘과 땅과 모든 만물을 말씀으로 창조하신 주님을 찬양합니다.

너무도 크시고 광대하신 주님, 주님을 더 알기 원해요. 그러나 우리의 생각이 너무 좁고 하나님을 알기에는 부족하니, 도와주세요.

성령님께서 말씀을 전하시는 선생님과 함께하여 주시고 우리가 주님이 하신 놀라운 일들을 배울 때 우리의 눈과 귀를 열어 주세요. 그래서 주님의 깊으신 뜻과 주님의 참된 모습을 더욱 발견하도록 도와주세요. 주님이 얼마나 놀라운 분이신지 깨닫게 하시고 저희 삶을 움직이는 분이 바로 주님임을 알도록 해 주세요.

주님을 더욱 알게 될 때 주와 더욱 가까이 할 수 있으며, 나의 모든 순간순간을 주님과 동행할 수 있음을 믿습니다.

함께하실 것을 믿으며 우리의 기도를 듣고 행하시는 예수님의 이름으로 기도합니다. 아멘.

주께 합당히 행하여 범사에 기쁘시게 하고 모든 선한 일에 열매를 맺게 하시며 하나님을 아는 것에 자라게 하시고(골로새서 1:10).

우리의 생각보다 훨씬 크고 뛰어나시며 전능하신 주님을 찬양합니다.

하나님은 우리의 눈에 보이는 하늘과 땅과, 호흡이 있는 모든 생물과 우주를 창조하신 분이세요. 그 주님이 우리를 사랑하시고 그 증거로 하나밖에 없는 예수님을 이 땅에 보내셨어요. 예수님이 십자가에 달려 돌아가심으로 우리를 죄에서 자유케 하셨으니 얼마나 감사한지요. 저희가 날마다 기쁨으로 주님을 찬양하고 감사를 드립니다.

오늘 이 시간을 통해 하나님을 아는 지식을 더하여 주시고 주님의 자녀답게 행하게 하시며 선한 일에 열매를 맺는 저희가 되게 해 주세요(골로새서 1:10).

마치는 시간까지 성령님이 지혜와 총명을 부어 주시길 기도드리며 예수님의 이름으로 기도합니다. 아멘.

사랑과 은혜가 풍성하신 하나님 아버지!

저희를 주의 자녀로 삼아주심을 인해 감사드립니다. 날마다 저희와 함께 하시고 안전하게 지켜 주시며 건강을 허락하여 주시니 정말 감사해요.

하나님 아버지, 저희가 가진 모든 것은 주님께서 주신 것임을 믿고 감사를 드려요. 이러한 감사의 마음을 오늘 물질로 돌려드리니 받아 주시고, 비록 많지는 않지만 주님께서는 저희의 중심을 보시는 분이시니 이 물질이 주님의 나라를 위해 귀하게 쓰일 수 있도록 축복하여 주세요.

주님, 저희에게 어려움이 닥칠지라도 주께서 우리와 항상 함께하심을 믿음으로 잘 견딜 수 있게 도와주세요. 또한 날마다 감사와 찬양으로 주님을 만날 수 있도록 은혜를 내려주세요. 저희를 통해 주님께서 영광 받으시는 생활을 하기 원해요.

물질뿐만 아니라 저희의 모든 생활을 통해서도 주께 헌신하는 어린이가 될 수 있도록 인도해 주실 것을 믿고, 주님의 거룩한 이름을 높여드리며 예수 그리스도의 이름으로 기도합니다. 아멘.

 ## 어린이 예배 헌금 기도 2

할렐루야! 우리 하나님 아버지의 이름을 찬양하며 감사드려요. 주님께서 저희를 한 교회로 부르시고 서로 교제케 하시며, 함께 주님을 알아가게 하시고 주님께 예배드리는 기쁨을 누리게 해주시니 감사드립니다.

하나님께서 저희에게 좋은 부모님과 가족을 허락해 주시고 귀한 선생님과 친구들을 만나게 해주심도 감사해요. 또한 큰 질병없이 잘 자라게 해주시고 날마다 조금씩 주님을 닮아가도록 인도해 주심을 감사드려요.

이렇게 주님께서 저희에게 주신 모든 은혜에 감사하는 마음으로 조그마한 정성을 주님께 드려요. 이 물질이 주님 보시기에 아름다운 일들에 쓰이게 하시고 주님의 뜻을 이루는 데 사용되도록 축복하여 주세요. 주님께서 이 일들을 통해 영광을 받으시길 간구하오며 참 좋으신 예수님의 이름으로 기도합니다. 아멘.

생일을 맞이한 어린이들을 위한 기도

사랑하는 자여 네 영혼이 잘 됨같이 네가 범사에 잘 되고 강건하기를 내가 간구하노라(요한 3서 1:2).

사랑하는 자여 악한 것을 본받지 말고 선한 것을 본받으라 선을 행하는 자는 하나님께 속하고 악을 행하는 자는 하나님을 뵈옵지 못하였느니라(요한 3서 1:11).

어린아이를 기뻐하시는 하나님 아버지!

아버지께 감사를 드립니다. 오늘 생일을 맞이한 ○○를 오래 전부터 구별하시고 이 땅에 나게 하셔서 저희들과 함께 교제를 나누게 하신 하나님께 진심으로 감사드려요.

○○의 영혼이 잘됨같이 범사에 잘되고 강건하기를 기도해요(요한 3서 1:2). ○○가 악한 것을 본받지 않고 선한 것을 본받아 선을 행하며 하나님의 얼굴을 늘 뵙는(요한 3서 1:11) 사람으로 자랄 수 있도록 축복해 주세요.

○○에게 다정한 부모님과 좋은 교회를 만나게 하시고 귀한 친구들과 선생님을 허락해 주시니 하나님께 정말 감사드려요. ○○가 더욱 밝고 건강하며 정말 하나님을 사랑하며 이웃을 사랑하는 귀한 자녀가 되도록 날마다 동행하여 주세요. 감사드리며 예수님의 이름으로 기도합니다. 아멘.

중·고등부 예배

 **중·고등부 주일 낮 예배 대표기도 1**

오직 나는 하나님의 집에 있는 푸른 감람나무 같음이여 하나님의 인자하심을 영영히 의지하리로다(시편 52:8).

주께서 내 마음을 넓히시오면 내가 주의 계명의 길로 달려가리이다(시편 119:32).

젊은이에게 꿈과 비전을 주시는 하나님 아버지!

아버지의 거룩한 이름이 온 땅 위에 높임을 받으시옵소서. 주의 크고 놀라우며 광대하심을 모든 나라와 족속이 알게 하시고 모든 민족들로 주를 찬송하게 하여 주시길 원합니다.

오늘도 저희 발걸음을 주님께로 인도하셔서 예배드릴 수 있게 하신 주님께 감사드립니다. 하나님 아버지! 지난 한 주간을 돌아볼 때 주님의 뜻을 깨달아서 그대로 행하기보다는 저희의 욕심이나 원하는 대로 살았던 것을 고백합니다. 그리고 우리의 말과 행동이 빛이 되어 다른 사람이 그것을 보고 주께 영광을 돌리는 삶을 살라고 하셨는데, 그렇게 하기보다는 오히려 주님의 마음을 아프게 하는 삶을 살았던 것을 고백합니다. 주님의 말씀에 귀 기울이지 않고 생활했던 것을 고백하니 용서해 주시옵소서.

용서받은 기쁨이 저희 가운데 넘쳐서 감사함으로 주님을 간절히 찾으며 주와 함께하기를 세상 그 어떤 것보다 기뻐할 수 있는 삶을 살도록 힘 주시고 함께하여 주옵소서. 저희는 하나님의 집에 있는 푸른 감람나무와 같사오니 하나님의 인자하심을 늘 기억하고(시편 52:8) 주께서 기뻐하시는 성숙된 삶을 살 수 있도록 도와주옵소서.

능력의 하나님 아버지!

주님은 온 세상을 지으시고 주관하시는 분이십니다. 그 놀라우신 주님은 저희를 향한 계획 또한 크고 놀랍게 세우셨음을 믿습니다. 그러므로 저희가 주님의 뜻에 합당한 마음과 생각을 가질 수 있도록 도와 주시고, 어린 저희가 아버지의 마음과 눈으로 세상과 사람들을 바라보며, 세계를 품을 수 있도록 인도하여 주옵소서. 저희가 주의 계명의 길로 달려갈 수 있도록 저희의 마음을 넓혀 주옵소서(시편 119:32).

주님의 임재 가운데 주의 말씀을 사모하게 하시고, 저희의 입술의 찬양과 기도가 온전히 드려지는 예배의 시간이 되게 인도하여 주옵소서. 영광 받기에 합당하신 예수님의 귀하신 이름으로 기도드립니다. 아멘.

하늘을 창조하여 펴시고 땅과 그 소산을 베푸시며 땅 위의 백성에게 호흡을 주시며 땅에 행하는 자에게 신을 주시는 하나님 여호와께서 이같이 말씀하시되 나 여호와가 의로 너를 불렀은즉 내가 네 손을 잡아 너를 보호하며 너를 세워 백성의 언약과 이방의 빛이 되게 하리니(이사야 42:5-6).

눈물을 흘리며 씨를 뿌리는 자는 기쁨으로 거두리로다 울며 씨를 뿌리러 나가는 자는 정녕 기쁨으로 그 단을 가지고 돌아오리로다(시편 126:5-6).

그러므로 하나님의 전신갑주를 취하라 이는 악한 날에 너희가 능히 대적하고 모든 일을 행한 후에 서기 위함이라(에베소서 6:13).

온 천하 만물 가운데 높으시고 위대하신 여호와 하나님이 이름을 찬양합니다. 아버지께서는 하늘을 창조하여 펴시고 땅과 그 소산을 베푸시며 땅 위의 백성에게 호흡을 주시는 분이시오니 홀로 경배를 받으시옵소서. 또한 의로 저희들을 부르시고 저희 손을 잡아 세우시고 보호하시며 하나님의 언약과 이방의 빛이 되게 하셨으니 지극한 감사를 드립니다.

오늘 이 예배 가운데 주의 성령으로 함께하여 주옵소서. 주의 은혜의 말씀을 내려 주셔서 저희를 새롭게 하옵소서. 눈물을 흘리며 씨를 뿌리는 자는 기쁨으로 단을 거두리라(시편 126:5-6)고 말씀하셨으니 저희가 열심히 공부하고 최선을 다하는 것으로 씨를 뿌리게 하옵소서. 무엇보다 이 배움의 시기에 하나님의 말씀과 기도를 게을리 하지 않게 하옵소서. 주께서 저희들을 훈련하시는 이유가 악한 날에 능히 대적하고 모든 일을 행한 후에 서기 위해 하나님의 전신갑주를 취하도록 하시는 것(에베소서 6:13)임을 믿습니다.

연약한 그릇이 아니라 주님 안에서 강하고 담대하며, 사랑할 줄 알되 공의롭고, 아낄 줄 알되 베풀며 신실하게 주님을 섬기는 향기를 품게 하옵소서.

주님께 예배드리는 기쁨을 맛보아 알게 하여 주셔서 일생 가는 동안 예배드리는 즐거움을 잊지 말게 하옵소서. 그리하여 저희 평생에 가는 길이 늘 잔잔하고 평탄하든지 큰 풍파로 무섭고 어렵든지 주님 안에서 평안을 누리게 인도하옵소서.

주님의 거룩함으로 인해 저희가 늘 거룩하도록 도와주시길 간구합니다. 이 예배를 주님께서 기뻐 받으시기를 원하오며 예수 그리스도의 이름으로 기도드립니다. 아멘.

새로운 학년을 맞이하게 하신 주님께 모든 영광을 돌립니다. 지난 한 해 동안 저희를 지키시고 보호하시며 주의 뜻 가운데 인도하신 주님께 정말 감사드립니다. 그동안 알게 모르게 지은 모든 죄를 용서하시고 이제는 과거를 더 이상 돌아보지 않고 앞을 바라보며 전진하게 하옵소서.

새 학년을 맞이하여 무슨 일을 하든지 주와 함께하며, 주님과 하나 되는 한 사람 한 사람이 되게 하옵소서. 새롭게 만나는 친구들과 선생님들에게 예수님의 향기를 풍기는 학생들이 되게 하시고, 무슨 일을 하든지 주께 하듯 행동하게 하옵소서.

주어진 모든 일을 열심히 할 수 있도록 위대한 선생이신 예수님의 명철과 지혜를 더하여 주옵시고 주님께 영광 돌리는 삶을 살 수 있도록 도와주시길 간절히 기도드립니다.

참 좋으신 아버지, 주께서 모든 것을 넘치게 주셨으니 모든 영광은 마땅히 주께 돌려야 할 것을 믿습니다. 오직 주님만 영광을 받아 주옵소서.

새 일을 행하실 주님을 기대합니다. 저희에게 크고 놀라운 일들을 행하실 주님을 기대하며 소망과 기쁨이 충만하게 하옵소서. 모든 일에 승리케 하실 주님을 찬양하며, 여호와 닛시가 되시는 예수님의 이름으로 기도드립니다. 아멘.

볼지어다 내가 문 밖에 서서 두드리노니 누구든지 내 음성을 듣고 문을 열면 내가 그에게로 들어가 그로 더불어 먹고 그는 나로 더불어 먹으리라(요한계시록 3:20).

우리들의 삶을 계획하시고 주님의 뜻대로 이끄시는 주님을 찬양합니다.

하나님 아버지, 우리들의 만남은 주님의 세밀한 계획하심과 분명한 뜻 가운데 이뤄진 것임을 믿습니다. 하오니 이 자리에 모인 모든 사람들을 축복하시고 주님이 그들을 얼마나 사랑하시는지 깨닫게 하옵소서.

주님을 모르거나 교회에 처음 온 친구들도 있습니다. 그들 한 사람 한 사람에게 다가가셔서 만져 주시기를 원합니다.

"볼지어다 내가 문밖에 서서 두드리노니 누구든지 내 음성을 듣고 문을 열면 내가 그에게로 들어가 그로 더불어 먹고 그는 나로 더불어 먹으리라"(요한계시록 3:20)고 약속하신 주님, 그 말씀에 의지하여 주님을 영접하는 은혜를 더하여 주옵소서.

그리하여 이 친구들과 함께 주님을 섬기며 주님 안에서 서로 사랑하며 격려하며 살아갈 수 있도록 축복하여 주시기를 간구합니다.

또한 예수님께서 승천하시며 우리에게 하늘과 땅의 모든 권세를 주셨다고 말씀하셨사오니 저희 기독 청소년들이 세상을 피하거나 세상과 스스로 분리되는 것이 아니라 세상을 향해 나가 그곳을 하나님의 것이라 선포하며 예수님의 이름으로 취하게 하옵소서.

하나님 아버지!

모든 문화는 주님의 것입니다. 그러므로 우리가 입술뿐만이 아니라 주님께서 우리에게 주신 손과 발로, 주님이 각자에게 주신 다양한 은사를 따라 주님께 영광을 돌리기 원합니다.

홀로 찬양을 받으시는 귀한 시간이 되기를 간구하오며 예수님의 이름으로 기도드립나이다. 아멘.

말씀으로 여는 대표기도문 | **내가 쓰는 대표기도**

생일을 맞이한 중·고등부 아이들을 위한 기도

태초에 천지를 창조하신 하나님. 그 하나님께서 천지를 창조하시기 전부터 저희를 택하시고 하나님의 자녀로 만드셨으니 놀라우신 하나님의 역사를 찬양합니다.

저희를 죄악에서 구원하시기 위해 아들을 보내신 하나님 아버지, 지금까지 ○○를 지키시고 보호하시며 인도해 주심을 진심으로 감사드립니다.

하나님께서 독생자이신 예수 그리스도를 통하여 ○○가 천하보다 존귀한 자임을 입증하셨으니, ○○가 그 사랑을 늘 기억하며 당당하고 밝고 능력있는 사람이 되도록 축복하여 주옵소서. 또한 섬세하신 하나님이 생일 후에도 ○○을 위해 얼마나 놀라운 계획을 가지고 계신지를 깨닫게 하시고 주의 놀라운 뜻 안에서 순복하며 살 수 있도록 은혜를 내려 주옵소서.

주님이 주신 그 사랑으로 하나님을 사랑하며 가족을 사랑하고 이웃을 사랑하게 하옵시며 하나님의 눈으로 세상을 보게 하시고 기꺼이 베풀 수 있게 하옵소서.

세상의 빛으로 ○○를 부르셨으니 뜻에 합당하게 일생을 살도록 인도하여 주실 것을 믿사오며 예수님의 귀하신 이름으로 기도드립니다. 아멘.

중 · 고등부 예배 헌금기도 1

신실하신 하나님 아버지! 아버지의 신실하심이 온 땅과 하늘 가운데서 영광을 받으시기에 합당하심을 고백합니다. 이 시간 주님 앞에 자그마한 정성을 모두어 드립니다. 주께서 기뻐 받으시며 주님의 나라를 위해 쓰여질 수 있도록 축복하여 주옵소서.

각 모양으로 드린 예물이 합당하게 쓰일 수 있도록 주께서 감찰하시고 주의 은혜로 더 풍성하게 채워 주옵소서. 또한 저희들을 날마다 더 큰 믿음으로 주께 나가게 하시고, 주님을 만나는 기쁨을 누리는 각 사람이 되도록 축복하여 주실 것을 믿습니다.

연약한 저희들을 들어 쓰시는 주님의 놀라운 은혜에 감사드리며, 지속되는 삶 속에서 하나님의 도우심과 역사하심을 믿습니다. 주님 홀로 영광 받으시길 간구하며 예수님의 이름으로 기도드립니다. 아멘.

말씀으로 여는 대표기도문 | **내가 쓰는 대표기도**

할렐루야!

지극히 높은 곳에서 찬양을 받으시기에 합당하신 하나님 아버지께 영광과 존귀를 올려드립니다. 주께서 베푸신 놀라운 은혜는 저희가 다 감당할 수 없지만 그 은혜에 감격하여 날마다 기쁨으로 예배드리는 삶을 살아가기 원합니다.

이 시간 주님 앞에 각 사람이 여러 모양으로 구별하여 드린 예물을 주님께 올려드립니다. 주님께서 기뻐 받으시고 흠향하시며 이 예물이 쓰여지는 곳곳마다 주의 나라가 확장되며 주의 뜻이 하늘에서 이룬 것같이 땅에서도 이루어지는 역사가 일어나게 하옵소서.

전 세계가 주님께 돌아오는 그 날이 이르기까지 주님께서 쉬지 않으신다고 말씀하셨으니 저희도 쉬지 않고 기도하며 주님의 뜻에 순종하는 주의 용사로 헌신하길 소원합니다. 저희를 받으시고 훈련하여 주옵소서. 이 예물뿐만 아니라 저희의 생명도 주의 것이니 주의 뜻대로 사용하여 주옵소서.

주의 거룩한 뜻이 저희 안에서 이루어지며 저희를 통해 하나님 아버지께서 영광을 받으시기를 간구하옵고 예수 그리스도의 이름으로 기도드립니다. 아멘.

내게 있는 것으로

작가 미상

금과 은은 내게 없습니다
　나는 이 세상의 재물로는 남을 도울 게 적습니다
　나는 그리스도의 복음으로 남을 도울 것입니다.

　재주와 재치는 내게 없습니다
　나는 남을 즐겁게 할 재주가 없습니다
　나는 그리스도의 복음으로 남을 위로할 것입니다.

　지략과 권력은 내게 없습니다
　나는 남을 지도할 만한 힘이 없습니다
　나는 그리스도의 복음으로 남을 권면할 것입니다.

　많은 물질과 효율적인 방법으로
　모든 사람을 도울 수 없음을
나는 슬퍼합니다.

다만 단순한 복음을 가지고
눈물의 골짜기를 걷고 있는 이웃을
조금이라도 돕고 위로하고 싶습니다.

3부

골방에서 드리는 사회와 국가, 세계를 위한 중보기도

Prayers based on Words

창세기 18장 22-33절

22 그 사람들이 거기서 떠나 소돔으로 향하여 가고 아브라함은 여호와 앞에 그대로 섰더니

23 가까이 나아가 가로되 주께서 의인을 악인과 함께 멸하시려나이까

24 그 성중에 의인 오십이 있을지라도 주께서 그곳을 멸하시고 그 오십 의인을 위하여 용서치 아니하시리이까

25 주께서 이같이 하사 의인을 악인과 함께 죽이심은 불가하오며 의인과 악인을 균등히 하심도 불가하니이다 세상을 심판하시는 이가 공의를 행하실 것이 아니니이까

26 여호와께서 가라사대 내가 만일 소돔 성 중에서 의인 오십을 찾으면 그들을 위하여 온 지경을 용서하리라

27 아브라함이 말씀하여 가로되 티끌과 같은 나라도 감히 주께 고하나이다

28 오십 의인 중에 오 인이 부족할 것이면 그 오 인 부족함을 인하여 온 성을 멸하시리이까 가라사대 내가 거기서 사십오 인을 찾으면 멸하지 아니하리라

29 아브라함이 또 고하여 가로되 거기서 사십 인을 찾으시면 어찌하시려나이까 가라사대 사십 인을 인하여 멸하지 아니하리라

30 아브라함이 가로되 내 주여 노하지 마옵시고 말씀하게

하옵소서 거기서 삼십 인을 찾으시면 어찌 하시려나이까 가라
사대 내가 거기서 삼십 인을 찾으면 멸하지 아니하리라

31 아브라함이 또 가로되 내가 감히 주께 고하나이다 거기
서 이십 인을 찾으시면 어찌 하시려나이까 가라사대 내가 이
십 인을 인하여 멸하지 아니하리라

32 아브라함이 또 가로되 주는 노하지 마옵소서 내가 이번
만 더 말씀하리이다 거기서 십 인을 찾으시면 어찌 하시려나
이까 가라사대 내가 십 인을 인하여도 멸하지 아니하리라

33 여호와께서 아브라함과 말씀을 마치시고 즉시 가시니
아브라함도 자기 곳으로 돌아갔더라

아브라함은 아직 하나님을 알지 못하던 때에 번영하던 도시 갈대
아 우르를 떠나 하란에 머물렀다가 "너는 너의 본토 친척 아비 집을
떠나 내가 네게 지시할 땅으로 가라 내가 너로 큰 민족을 이루고 네게
복을 주어 네 이름을 창대케 하리니 너는 복의 근원이 될지라"(창세
기 12:1)라는 말씀을 하나님께 들었다. 그후 받은 말씀을 좇아 알지
못하던 땅 가나안으로 들어갔다.

우여곡절 끝에 도착한 가나안에 기근이 일어나자 아브라함은 바로
애굽으로 가야 했고, 애굽에서 나온 후에는 롯에게 좋은 땅을 양보하
고 가나안 땅에 거하였다. 그런데 롯이 선택한 곳은 "온 땅에 물이 넉
넉하여 여호와의 동산 같고 애굽 땅과 같이"(창세기 13:10) 좋아 보이
는 소돔 땅이었다. 그곳은 죄악이 만연하고 사람들은 "악하여 여호와
앞에 큰 죄인"(창세기 12:13)이었기에 롯은 큰 곤란에 직면하게 된다.

하나님과 대면하는 아브라함

여호와께서 죄악이 심한 소돔과 고모라를 멸하시기로 작정한 것을 알게 된 아브라함은 하나님과 담판을 벌이는 기도를 했다. 그는 비장하게 하나님께 아뢰기 시작했다.

"주께서 의인을 악인과 함께 멸하시려나이까 그 성중에 의인 오십이 있을지라도 주께서 그곳을 멸하시고 그 오십 의인을 위하여 용서치 아니하시리이까"(창세기 18:23-24).

아브라함은 하나님이 심판하시는 분이심과 동시에 공의의 하나님임을 알고 있었다. 그렇기에 "주께서 이같이 하사 의인을 악인과 함께 죽이심은 불가하오며 의인과 악인을 균등히 하심도 불가하니이다 세상을 심판하시는 이가 공의를 행하실 것이 아니니이까"(창세기 18:25)라고 변론할 수 있었다. 하나님의 인격적인 속성을 알지 못했다면 감히 하나님께 이러한 항변의 기도는 하지 못했을 것이다.

끈질긴 간구와 도고

아브라함은 여기서 그치지 않았다. 하나님께서 "내가 만일 소돔 성중에서 의인 오십을 찾으면 그들을 위하여 온 지경을 용서하리라"(창세기 18:26)고 응답하시자 바로 45인, 40인, 30인, 20인에 이어 급기야 10인의 의인이 있으면 어찌하겠느냐고 반문하였다. 한 번도 아니고 무려 여섯 번을 포기하지 않고 간구한 것이다.

크고 두려운 하나님 앞에 이토록 끈질기게 반문하기란 쉽지 않은 일이다. 하지만 아브라함은 절박한 심정이었다. 소돔과 고모라의 사정을 잘 알고 있던 그로서는 의인을 찾기가 쉽지 않다는 것을 알았을 것이다. 그러기에 너무나 절박한 심정으로 하나님께 매달린 것이다.

우리가 누구를 위해, 어떤 곳을 위해 기도할 때도 아브라함과 같은 심정으로 기도할 수 있어야 한다.

중보기도에 참여하기 위한 준비자세

우선 중보기도할 대상을 잘 알아야 한다. 만약 세계의 어느 곳을 위해 기도하고 싶다면 그 땅의 사정이 어떻게 돌아가고 있는 지 늘 관심을 기울여야 할 것이다. 또한 국제 상황에 늘 관심을 가진다면 여러 곳의 기도 제목을 알게 될 것이고 역사를 움직이시는 하나님 앞에 나아가 그 땅을 위해, 그리고 세계를 위해 기도할 수 있을 것이다. 이것이 세계 가운데서 '복의 근원'(창세기 12:2)이 되는 방법이다.

그리고 아브라함처럼 절박한 심정으로 기도해야 한다. 정말 내가 아니면 그 땅이 하나님의 진노에 의해 멸망당하리라는 심정으로 기도할 수 있어야 하는 것이다. 정말 "탄식하되 허리가 끊어지는 듯이"(에스겔 21:6) 기도해야 한다. 이건 쉽지 않은 일이다. 하지만 진정 이러한 탄식과 애통의 기도야말로 "성 무너진 데를 막아서서 하나님으로 하여금 멸하지 못하게 할 사람"(에스겔 23:30)의 태도다.

하나님은 이러한 사람을 찾고 계신다. 예수님의 재림이 임박한 이때에 자복하는 심령으로 하나님께 나아올 사람을 찾고 계시는 것이다. 누가 여기에 응답하여 주의 마음을 시원케 할 것인가?

살아계셔서 역사하시는 만왕의 왕 되시며 만군의 주 되신 하나님 아버지의 이름을 찬양하옵니다. 온 천하 만물 가운데 주와 같으신 이 없으며 주와 같은 분이 없사오니 주 홀로 영광을 받으시고 경배를 받으시옵소서. 온 하늘이 주의 이름을 높이며 온 땅이 주 앞에 나와 예배드리며 천군천사가 함께 주의 거룩하심을 외치게 하옵소서. 거룩하시고 거룩하신 주의 앞에 면류관을 드리며 새 노래를 부르게 하여 주옵소서.

참으로 세계가 다 주님께 속하였지만 그중에 우리를 택하신 하나님!

아버지! 주님의 말씀을 우리 입술에 채워 주시고 두려움 없이 "하나님께서 우리를 누구에게 보내든지 우리가 가며 우리에게 무엇을 명하든지 우리가 말하게"(예레미야 1:7) 하여 주옵소서. 참으로 주께서 예레미야에게 하신 것처럼 우리를 "보라 내가 오늘날 너를 열방 만국 위에 세우고 너로 뽑으며 파괴하며 파멸하며 넘어뜨리며 건설하며 심게 하기"(예레미야 1:10) 위해 세우신 것을 깨닫게 해주시고, 전심을 다해 주께 부르짖게 하여 주옵소서.

기도하기를 쉬는 죄를 범치 않겠다고 고백한 사무엘과 같이, 금식하며 베옷을 입고 애통하는 심령으로 나아갔던 다니엘과 같이, 이스라엘 백성을 위해 자신의 이름을 주의 책에서 지워달라고까지 했던 모세와 같이, 아버지 앞에 응답받기까지 믿음으로 기도했던 엘리야 같이, 하나님 앞에 두려움 없이 나아가 무너진 데를 막아서려 했던 아브라함과 같이 우리가 기도하며 주께 나아가도록 하여 주옵소서.

"내게 구하라 내가 열방을 유업으로 주리니 네 소유가 땅 끝까지 이르리로다 네가 철장으로 저희를 깨드림이여 질그릇같이 부수리라"(시편 2:8-9)고 하신 말씀을 기억합니다. 하나님 아버지! 열방을 유업으로 주신 것은 이 땅을 위해 기도하며 하나님의 다스리는 권세에 동참할 수 있도록 하신 것을 믿습니다. 참으로 주신 소명을 잘 감당하게 하시고 기꺼이 골방으로 나아가게 하시며 하나님의 온전한 이름이, 주의 영광이 온 땅에 선포되는 그날까지 주님께서 쉬지 않으실 것이므로 저희 또한 쉬지 않게 하여 주옵소서.

그리하여 그날에 흙과 땀 묻은 얼굴로 주를 맞이하게 하여 주옵소서. 모든 땅이 주께 돌아오는 그 날, 기쁨과 승리의 함성이 울려 퍼지는 그날을 기대하며 인내로 쉬지 말고 기도하게 하여 주옵소서. "일을 행하는 여호와, 그것을 지어 성취하는 여호와"(예레미야 33:2)를 믿으며 의뢰하며 주님께서 "응답하고 우리가 알지 못하는 크고 비밀한 일"(예레미야 33:3)을 보이기까지 부르짖게 하여 주옵소서. 주님의 애통하는 마음을 품고 가난한 마음으로 옷을 찢지 말고 가슴을 찢으며 금식하며 통회하며 자복하며 주의 앞에 나아가 기도하게 하옵소서.

그리하여 하나님께서 하늘에서 이룬 그 뜻을 이 땅 위에 강력히 이루시며 이 모든 일을 통하여 하나님 아버지만이 영광을 받으시옵소서. 주님의 이름을 높여드립니다. 그 영광을 찬양드립니다. 홀로 찬양과 경배를 받으시옵소서.

감사드리오며 이 모든 말씀을 심판의 주로 다시 오실 예수님의 귀하신 이름 받들어 기도하옵나이다. 아멘.

능력 있는 중보자 모세

출애굽기 32장 11-14절

11 모세가 그 하나님 여호와께 구하여 가로되 여호와여 어찌하여 그 큰 권능과 강한 손으로 애굽 땅에서 인도하여 내신 주의 백성에게 진노하시나이까

12 어찌하여 애굽 사람으로 이르기를 여호와가 화를 내려 그 백성을 산에서 죽이고 지면에서 진멸하려고 인도하여 내었다 하게 하려 하시나이까 주의 맹렬한 노를 그치시고 뜻을 돌이키사 주의 백성에게 이 화를 내리지 마옵소서

13 주의 종 아브라함과 이삭과 이스라엘을 기억하소서 주께서 주를 가리켜 그들에게 맹세하여 이르시기를 내가 너희 자손을 하늘의 별처럼 많게 하고 나의 허락한 이 온 땅을 너희의 자손에게 주어 영영한 기업이 되게 하리라 하셨나이다

14 여호와께서 뜻을 돌이키사 말씀하신 화를 그 백성에게 내리지 아니하시니라

출애굽기 32장 31-34절

31 여호와께로 다시 나아가 여짜오되 슬프도소이다 이 백성이 자기들을 위하여 금신을 만들었사오니 큰 죄를 범하였나이다

32 그러나 합의하시면 이제 그들의 죄를 사하시옵소서 그렇지 않사오면 원컨대 주의 기록하신 책에서 내 이름을 지워 버려

주옵소서

33 여호와께서 모세에게 이르시되 누구든지 내게 범죄하면 그는 내가 내 책에서 지워 버리리라

34 이제 가서 내가 네게 말한 곳으로 백성을 인도하라 내 사자가 네 앞서 가리라 그러나 내가 보응할 날에는 그들의 죄를 보응하리라

모세는 타인들을 위해 마지막 판결까지 나아갔던 중보기도자의 고전적 모델로서, 하나님의 형상을 보고 그분과 대면하여 말씀을 들은 인물이다. 그래서 그는 하나님에 대해서 잘 알고 있었다 하겠다.

하나님의 명령에 순종하여 이스라엘 백성들을 이끌고 출애굽을 주도하고 광야 길을 가는 동안 이스라엘 백성들을 위하여 하나님 앞에 중보자로 서야 할 때가 많았다. 특히 불순종과 불신앙, 그리고 불평과 원망으로 인하여 하나님께서 이스라엘 백성을 진멸하시겠다는 판결을 내리신 후에도 그는 단념하지 않고 기도했다.

하나님의 성품에 따른 청원

모세가 십계명을 하나님께 받고 다시 산에 올라가서 하나님의 언약과 모든 율법을 받는 동안 오랫동안 산에서 내려오지 않자 이스라엘 백성들은 우상을 만들어 섬기기 시작했다. 이로 인해 그들을 진멸하겠다는 하나님의 말씀을 듣고 모세는 자신이 아는 하나님의 성품에 의지하여 그분과 대화하였고, 그 분의 성품이 대적에게 왜곡되게 비

쳐지지 않아야 한다며 하나님의 진노를 막아섰다.

"어찌하여 애굽 사람으로 이르기를 여호와가 화를 내려 그 백성을 산에서 죽이고 지면에서 진멸하려고 인도하여 내었다 하게 하려 하시나이까"(출애굽기 32:12).

그리고 하나님이 아브라함과 이삭과 이스라엘에게 하신 언약을 들어 그 언약을 지켜달라고, 인간이 의롭기 때문이 아니라 하나님 자신이 말씀하신 그 언약을 지키도록 간구하였다.

"주의 종 아브라함과 이삭과 이스라엘을 기억하소서 주께서 주를 가리켜 그들에게 맹세하여 이르시기를 내가 너희 자손을 하늘의 별처럼 많게 하고 나의 허락한 이 온 땅을 너희의 자손에게 주어 영영한 기업이 되게 하리라 하셨나이다"(출애굽기 32:13).

모세는 하나님께서 신실하게 언약을 이행하시는 분이심을 알았고 그 약속의 말씀을 들어 하나님께서 이스라엘 백성에게 노하여 진멸하지 않도록 강력히 간구했다.

목숨을 건 끈질긴 중보기도

또한 모세는 진노하여 이스라엘 백성을 지면에서 쓸어 버리시겠다는 하나님의 말씀에 이스라엘 백성의 죄가 심각함을 철저히 인정하면서 하나님께 은혜를 입을 자격이 없는 이 패역한 백성에게 더 큰 자비와 용서를 베풂으로써 오히려 주의 더욱 위대한 힘을 보여 주시기를 청한다. 그리고 하나님의 성품을 알지 않고는 할 수 없는 극단적인 기도까지 하는 것을 볼 수 있다.

"여호와께로 다시 나아가 여짜오되 슬프도소이다 이 백성이 자기들을 위하여 금신을 만들었사오니 큰 죄를 범하였나이다 그러나 합의하시면 이제 그들의 죄를 사하시옵소서 그렇지 않사오면 원컨대 주의 기록하신 책에서 내 이름을 지워버려 주옵소서"(출애굽기 32:31-32).

이스라엘이 죄를 지었으니 하나님께서 긍휼을 베푸시어 죄를 사하여 주시기를 간구하고 혹 공의의 하나님께서 그것을 간과할 수 없을 것 같으면 "내가 그들의 죄에 대한 벌을 받겠습니다"라는 의미다.

이것이 궁극적인 중보의 행위다. 모세가 하나님과의 친밀한 우정을 쌓기 위하여 치른 값비싼 대가는 하나님의 응답으로 보상된다.

이렇게 모세는 중보기도를 통해 광야 생활 40년 동안 몇 번씩이나 하나님의 크신 진노의 막대기를 돌리게 하였다.

심지어는 하나님께서 모세에게 "이스라엘 백성을 멸하고 모세에게 큰 나라가 되게 하리라"(출애굽기 32:10)고 말씀하셨음에도 불구하고 자신의 욕심을 채우려 하지 않고, 앞서 나온 것처럼 어떤 때는 자신의 이름을 주의 책에서 지워달라고 강하게 요청할 정도로 자신을 철저히 희생하면서 이스라엘 백성들을 중보했다.

오직 하나님만 의뢰하는 자세

모세처럼 나라를 위해 자신을 모두 내놓은 사람은 없다. 그는 자신을 대적했던 자에게 하나님이 문둥병을 내리셨을 때도 그의 병을 낫게 해달라고 기도했다.

다수의 무리가 대적하며 그를 욕할 때에도 자신을 변론하기보다는 하나님께서 그의 옳음을 증명해 달라고 하나님만 의지했던 자다. 이처럼 주님은 그분만을 의뢰하는 자의 기도를 들으시고 응답하시며 행하신다.

언제나 저의 기도를 들으시고 행하시는 하나님의 이름을 높여드립니다.

크고 놀라우신 주, 이스라엘 백성을 애굽에서 인도하여 내신 하나님 아버지께서 홀로 높임을 받으시옵소서.

주의 영광을 온 땅에 선포할 때에 하나님 이 나라와 백성들의 죄악을 용서하여 주옵소서. 주께서 이 땅에 수많은 교회들을 세우시고 그들의 하나님이 되지 않으셨습니까?

"내 이름으로 일컫는 내 백성이 그 악한 길에서 떠나 스스로 겸비하고 기도하여 내 얼굴을 구하면 내가 하늘에서 듣고 그 죄를 사하고 그 땅을 고칠지라"(역대하 7:14)고 말씀하신 하나님 아버지께서 이 나라 이 땅의 교회가 먼저 주님 앞에 회개하고 나아올 수 있도록 일깨워 주옵소서. 주님의 교회가 먼저 가슴을 찢으며 통회하며 자복하고 나아올 수 있도록 흔들어 주옵소서. 그리하여 주님께서 그 죄악을 사하여 주옵시고 이 땅이 회복되는 역사가 일어나게 하옵소서.

오! 주여 마음을 다하여 기도하옵기는 하나님의 원수로 하여금 개가를 부르지 못하도록 주님의 교회가 깨어나게 하옵소서. 주님의 말씀이 선포되게 하시고 회개의 물결이 이 땅을 흔들며 주의 성령의 불길이 이 나라를 흔들어 주옵소서. 다시 한 번 찬양의 기쁨을 허락하시고 예배드리는 즐거움을 허락하여 주옵소서. 오 주여, 이 땅을 긍휼히 여겨 주옵소서. 주님의 자비를 보여 주옵소서.

"너는 내게 부르짖으라 내가 네게 응답하겠고 네가 알지 못하는 크고 비밀한 일을 네게 보이리라"(예레미야 33:3)고 말씀하신 하나님, 그 말씀을 의지하여 주께 간구합니다. 먼저 제가 기도하게 하시고 하나님의 백성들이 하나님 아버지께 부르짖게 하여 주옵소서. 그리하여 주의 크고 비밀한 일들, 우리가 알지 못했던 일들을 보게 하여 주옵소서.

하나님 아버지! 주의 성령으로 이 땅을 흔들어 주옵소서. 깨어나게 하옵소서.

예수님의 이름으로 기도하옵나이다. 아멘.

사무엘의 선지자적 기도

사무엘상 12장 6-7절

6 사무엘이 백성에게 이르되 모세와 아론을 세우시며 너희 열조를 애굽 땅에서 인도하여 내신 이는 여호와시니

7 그런즉 가만히 섰으라 여호와께서 너희와 너희 열조에게 행하신 모든 의로운 일에 대하여 내가 여호와 앞에서 너희와 담론하리라

사무엘상 12장 19-23절

19 모든 백성이 사무엘에게 이르되 당신의 종들을 위하여 당신의 하나님 여호와께 기도하여 우리로 죽지 않게 하소서 우리가 우리의 모든 죄에 왕을 구하는 악을 더하였나이다

20 사무엘이 백성에게 이르되 두려워 말라 너희가 과연 이 모든 악을 행하였으나 여호와를 좇는 데서 돌이키지 말고 오직 너희 마음을 다하여 여호와를 섬기라

21 돌이켜 유익하게도 못하며 구원하지도 못하는 헛된 것을 좇지 말라 그들은 헛되니라

22 여호와께서는 너희로 자기 백성 삼으신 것을 기뻐하신고로 그 크신 이름을 인하여 자기 백성을 버리지 아니하실 것이요

23 나는 너희를 위하여 기도하기를 쉬는 죄를 여호와 앞에 결단코 범치 아니하고 선하고 의로운 도로 너희를 가르칠 것인즉

사무엘상 15장 10-11절

10 여호와의 말씀이 사무엘에게 임하니라 가라사대

11 내가 사울을 세워 왕 삼은 것을 후회하노니 그가 돌이켜
서 나를 좇지 아니하며 내 명령을 이루지 아니하였음이니라
하신지라 사무엘이 근심하여 온 밤을 여호와께 부르짖으니라

사무엘은 아들을 간절히 바라며 간구하였던 한나의 기도에 대한
응답으로 태어났다. 아들을 주시면 하나님께 드리겠다는 어머니의 서
원으로 그는 젖을 뗀 후부터 여호와 앞에서 자라났다.

항상 성전에 머무르며 "하나님의 궤 있는 여호와의 전 안에 누웠을
때"(사무엘상 3:3) 사무엘은 하나님의 음성을 들었다. 이것은 예수님
이 승천하신 후 제자들이 여자들과 예수의 모친과 더불어 "예루살렘
을 떠나지 않고"(사도행전 1:4) 기도했을 때 약속하신 성령을 받았을
때와 같은 상황임을 알 수 있다. 항상 믿음 안에, 주 안에 거했을 때
하나님의 음성과 응답을 받을 수 있다는 것이다.

그리고 하나님의 음성을 듣고 "말씀하옵소서 주의 종이 듣겠나이
다"(사무엘상 3:10)라고 순종하며 응답하였을 때 하나님께서 행하시
고자 하는 일들에 대해 들을 수 있었다. 이와 같이 늘 예수님 안에 거
하며 기도하고 주께서 말씀하시고자 할 때 그 말씀을 듣고 순종하는
자세가 참으로 중요하다.

이스라엘이 우상을 섬기고 하나님께 불순종함으로 블레셋에게 괴로움을 당한 지 20년이 되었을 때 사무엘은 이스라엘 백성을 종용하여 미스바로 모이게 하여 금식하며 주께 죄를 고백하고 기도하게 하였다. 그런데 이스라엘 백성들이 미스바에 모여 있다는 소식을 들은 블레셋 군대가 쳐들어 왔다. 백성들은 두려워하며 "당신은 우리를 위하여 우리 하나님 여호와께 쉬지 말고 부르짖어 우리를 블레셋 사람의 손에서 구원하시게 하소서"(사무엘상 7:8)라고 애원했다. 이에 사무엘이 "젖 먹는 어린 양을 취하고 온전한 번제를 여호와께 드리고 이스라엘을 위하여 여호와께 부르짖으매"(사무엘상 7:9) 하나님께서 블레셋 군대를 어지럽게 하여 패하게 하셨다.

온전한 번제는 주께서 행하시는 통로

사무엘이 기도할 때 '온전한 번제'를 드렸던 것은 매우 중요하다. 이것은 여호수아가 가나안 땅에 사는 족속과 전쟁을 하기 전에, 백성들에게 "스스로 성결케 하라"(여호수아 3:5)는 명령을 내리는 것과 비슷한 맥락이다.

스스로 성결케 하는 것, 온전한 번제를 드리는 것은 모든 전쟁과 하나님께서 어떤 기사를 행하시도록 하시는 온전한 길을 만든다. 번제와 제사는 현대의 경배와 찬양을 의미한다. 온전한 경배와 찬양은, 주께 전적인 순종과 겸손 가운데 주께서 행하실 것을 믿기에 주께서 먼저 이루신 것을 확신함으로 기쁨으로 드리는 것을 의미한다. 그 감사와 믿음이 하나님께서 행하시도록 그 길을 예비하게 되는 것이다.

철저히 죄를 드러내어 회개해야

이스라엘 백성이 왕을 구하자 사울을 왕으로 세운 후 사무엘은 "백성에게 이르되 모세와 아론을 세우시며 너희 열조를 애굽 땅에서 인도하여 내신 이는 여호와시니 그런즉 가만히 섰으라 여호와께서 너희와 너희 열조에게 행하신 모든 의로운 일에 대하여 내가 여호와 앞에서 너희와 담론하리라"(사무엘상 12:6-7)며 하나님께서 이스라엘 백성들을 위해 하신 일을 증거하였고, 그들이 "왕을 구한 일 곧 여호와의 목전에 범한 죄악이 큼"(사무엘상 12:17)을 선포했다.

선지자로서의 사무엘은 이스라엘 백성이 하나님께 범죄한 것을 그냥 묵고할 수 없었다. 그래서 하나님의 진노를 우뢰와 비를 통해 증거하므로 이스라엘 백성에게 경고했던 것이다.

이에 이스라엘 백성으로 하여금 "사무엘에게 이르되 당신의 종들을 위하여 당신의 하나님 여호와께 기도하여 우리로 죽지 않게 하소서 우리가 우리의 모든 죄에 왕을 구하는 악을 더하였나이다"(사무엘상 12:19)라고 죄를 고백하고 회개하도록 종용하였다.

그러자 사무엘은 "백성의 상처를 심상히 고쳐주며 말하기를 평강하다 평강하다"(예레미야 6:14)하지 않고 있는 그대로 상처의 심각성을 드러내고 죄를 인식시켰다. 이것이 선지자의 참모습이다. 사람들 귀에 듣기 좋은 소리로 발라 눈을 흐리게 하지 않고 썩은 상처는 힘들더라도 도려낼 줄 아는 용기를 가진 자만이 하나님의 뜻을 바르게 전할 수 있을 것이다.

오직 온 마음과 뜻을 다하여

사무엘은 또 이스라엘 백성이 두려워하며 죄를 고하자 "두려워 말라 너희가 과연 이 모든 악을 행하였으나 여호와를 좇는 데서 돌이키지 말고 오직 너희 마음을 다하여 여호와를 섬기라 … 나는 너희를 위하여 기도하기를 쉬는 죄를 여호와 앞에 결단코 범치 아니하고 선하고 의로운 도로 너희를 가르칠 것"(사무엘상 12:21; 12:24)이라고 말하면서 이스라엘 백성에게 올바른 교훈을 심어 주며 안심을 시키고 있다.

사무엘이 기도하기를 쉬는 죄를 범치 않겠다고 말한 것은 오늘 우리에게도 깊은 교훈으로 다가오고 있으며 "쉬지 말고 기도하라"(데살로니가전서 5:17)는 바울의 권면과도 일맥상통하고 있다.

이후 왕이 된 사울이 하나님만을 경외하지 아니하고 여러 번 하나님께 불순종하여 하나님께서 그를 왕으로 삼은 것을 후회하신다는 말씀을 들었을 때 사무엘은 "근심하여 온 밤을 여호와께 부르짖었다"(사무엘상 15:11). 이처럼 사무엘은 나라의 일을, 왕의 일을 자신의 일로 여기며 밤새 쉬지 않고 기도한 하나님의 선지자였다.

그러한 사무엘이었기에 자라면서 "여호와께서 그와 함께 계셔서 그 말이 하나도 땅에 떨어지지 않게"(사무엘상 3:19) 되는 은총을 입게 된 것이다. 하나님께 온 마음을 쏟으며 쉬지 않고 기도할 때, 주님께서는 그 기도를 들으시고 움직이신다.

살아계시고 역사하시는 하나님 아버지, 주께 겸손히 무릎을 꿇고 하나님의 긍휼을 구합니다. 하나님은 선하신 분이시며 하나님께서 우리 인생을 위하여 하신 일은 말로 다 할 수 없는 커다란 은혜이며 축복입니다.

하지만 인간들이 우매하여 하나님의 행하심을 눈으로 보고 귀로 들어도 도저히 믿지 못함을 용서하여 주옵소서. 하나님께서 "하늘에서 인생을 굽어 살피사 지각이 있어 하나님을 찾는 자가 있는가 보려 하신즉"(시편 14:2) 저희가 다 어리석은 자와 같아서 "마음에 이르기를 하나님이 없다"(시편 14:1) 하며 저희는 부패하고 소행이 가증하여 "선을 행하는 자"(시편 14:1)가 없사옵나이다.

주여, 저희 인생이 이토록 무지 몽매함을 용서하여 주옵시고 그 죄를 사하여 주옵소서. 하나님께서 독생자를 제물로 주실 만큼 사랑하시는 저희가, 피로 사신 저희가 매일 예수님을 십자가에 못 박고 있음을 용서하여 주옵소서.

저희의 죄악이 너무나 커서 하나님의 얼굴을 뵈올 수 없지만 오직 예수 그리스도의 의에 힘입어 기도하옵나니 아버지여 하늘에서 들으시고 저희의 죄악을 사하여 주옵소서. 오직 주의 긍휼과 자비에 힘입어 기도하옵나니 주여 용서하여 주옵소서.

그리하여 이 땅을 고치시고 이 나라를 고치시며 나아가 세계를 고쳐 주옵소서. 주님의 영광이 온 하늘과 온 땅에 선포되며 주의 말씀이 땅과 하늘을 진동하여 주옵소서.

크고 두려운 환난 날이 닥치기 전에 주의 백성으로 하여금 깨어나게 하시며 주의 파수꾼이 경성되게 하시며 나팔 부는 자가 소명을 다하게 하여 주옵소서. 때에 따라 양식을 먹일 착하고 충성된 종들을 세워 주시며 하나님의 말씀을 따라 죽기까지 순종할 종들을 일으켜 주옵소서. 그러므로 전 세계 가운데 예수 그리스도의 재림 길이 예비되어지게 하여 주옵소서.

전 세계 모든 나라와 족속 가운데 "주의 길을 예비하고 그의 첩경을 평탄케 하며 모든 골짜기가 메워지고 모든 산과 작은 산이 낮아지고 굽은 것이 곧아지고 험한 길이 평탄하여 지며 모든 육체가 하나님의 구원하심을 보는"(누가복음 3:5) 역사가 다시 일어나게 하여 주옵소서. 그날에 주의 영이 임하여 큰 부흥이 온 땅 위에 일어나는 역사를 보게 하여 주옵소서.

주여 보좌에서 일어나 주의 뜻을 이루소서. 보좌에서 일어나 하늘에서 이룬 하나님의 뜻을 이 땅에서 이루시기를 간절히 간구하옵나이다.

이 모든 일을 통하여 주께서 홀로 영광을 받으시며 찬양을 받으시기를 간구하오며 심판의 주로 다시 오실 예수 그리스도의 이름 받들어 기도하옵나이다. 아멘.

권세 있는 기도의 선지자 엘리야

열왕기상 18장 41-46절

41 엘리야가 아합에게 이르되 올라가서 먹고 마시소서 큰 비의 소리가 있나이다

42 아합이 먹고 마시러 올라가니라 엘리야가 갈멜산 꼭대기로 올라가서 땅에 꿇어 엎드려 그 얼굴을 무릎 사이에 넣고

43 그 사환에게 이르되 올라가 바다 편을 바라보라 저가 올라가 바라보고 고하되 아무것도 없나이다 가로되 일곱 번까지 다시 가라

44 일곱 번째 이르러서는 저가 고하되 바다에서 사람의 손만한 작은 구름이 일어나나이다 가로되 올라가 아합에게 고하기를 비에 막히지 아니하도록 마차를 갖추고 내려가소서 하라 하니라

45 조금 후에 구름과 바람이 일어나서 하늘이 김캄하여지며 큰 비가 내리는지라 아합이 마차를 타고 이스르엘로 가니

46 여호와의 능력이 엘리야에게 임하매 저가 허리를 동이고 이스르엘로 들어가는 곳까지 아합 앞에서 달려갔더라

엘리야가 선지자로 활동했던 시대는 북 이스라엘이 영적으로 매우 많이 타락한 때였다. 시돈 왕 엣바알의 딸 이세벨이 아합과 결혼하여

바알과 아세라의 우상을 끌어들여 하나님의 이름에 먹칠을 한 시대였다. 이세벨이 먹이는 바알과 아세라 선지자가 무려 850명이나 되었다. 이에 하나님께서 진노하셨다.

"또 아세라 목상을 만들었으니 저는 그 전의 모든 이스라엘 왕보다 심히 이스라엘 하나님 여호와의 노를 격발하였더라"(열왕기상 16:33).

궁궐이 이러했으니 관직을 가진 사람들과 일반 사람들의 부패와 타락 또한 심각했음은 말할 필요도 없을 것이다.

"그 시대에 벧엘 사람 히엘이 여리고를 건축하였는데 저가 그 터를 쌓을 때 맏아들 아비람을 잃었고 그 문을 세울 때에 말째 아들 스굽을 잃었으니 여호와께서 눈의 아들 여호수아로 하신 말씀과 같이 되었더라"(열왕기상 16:34).

분명 히엘은 여리고를 건축하면 안 된다는 것에 대해서 들었을 것이다.

"여호수아가 그 때에 맹세로 무리를 경계하여 가로되 이 여리고성을 누구든지 일어나서 건축하는 자는 여호와 앞에서 저주를 받을 것이라 그 기초를 쌓을 때에 장자를 잃을 것이요 문을 세울 때에 계자를 잃으리라 하였더라"(여호수아 6:26).

하지만 그는 그 시대의 사회적 분위기가 하나님께로부터 멀어진 상황이니 당연히 별 문제 없을 거라고 생각했을 것이고, 그 터를 세울 때 첫 아들을 잃었을 때도 믿지 않고 문을 세우기까지 하여 말째 아들을 잃는 저주를 받았던 것이다.

이에 엘리야가 보다 못해 분연히 일어나 아합에게 "나의 섬기는 이스라엘의 하나님 여호와의 사심을 가리켜 맹세하노니 내 말이 없으면 수 년 동안 우로가 있지 아니하리라"(열왕기상 17:1)고 선포하게 된 것이다. 그리고 과연 삼 년 반 동안 가뭄이 지속되자 아합이 엘리야를 찾게 되고 엘리야는 바알과 아세라 선지자들과 대결을 벌여 여호와가 살아계신 하나님임을 백성들에게 증명하게 되었다.

그리하여 갈멜산에 모인 850명의 바알과 아세라 선지자들 앞에서 엘리야의 기도로 젖은 나무단 위에 하나님의 불이 내려 그 단을 태웠고 이에 바알과 아세라의 선지자들을 기손 시내로 데려가서 모두 죽이게 된 것이다.

이것은 우상을 섬기는 이스라엘에게 하나님의 진노로 가뭄이 임하게 된 것임을 더 명확히 한 사건이다.

믿음으로 이미 이루어진 것임을 선포하는 기도

그리고 난 후에 우선 엘리야는 비를 간절히 기다리는 아합에게 "엘리야가 아합에게 이르되 올라가서 먹고 마시소서 큰비의 소리가 있나이다"(열왕기상 18:41)라고 비가 올 것임을 선포했다.

이것은 절대적인 믿음의 증거다. 그 당시 하늘에는 아무 변화가 없었던 것이 주지의 사실이다. 사환이 여섯 번 살펴보기까지 아무런 변화가 없었기 때문이다. 하지만 엘리야는 믿음으로 먼저 비를 선포했던 것이다.

이루어질 때까지 끈질기게 드리는 기도

그후 엘리야는 "갈멜산 꼭대기로 올라가서 땅에 꿇어 엎드려 그 얼굴을 무릎 사이에 넣고"(열왕기상 18:42) 간절히 기도한다. 혹시 하나님 앞에 이런 자세를 취해 본 적이 있는가? 이 자세는 평소에 쉽게 하기 어려운 자세다. 생각보다 많은 노력을 요하는 자세이다. 그런데 엘리야는 이러한 자세로 간절히 기도했을 뿐만 아니라 오랫동안 인내심을 가지고 기도했다.

"그 사환에게 이르되 올라가 바다 편을 바라보라 저가 올라가 바라보고 고하되 아무것도 없나이다 가로되 일곱 번까지 다시 가라"(열왕기상 18:43).

어떤 기도를 하면서 일곱 번까지 기다려 본 적이 있는가? 이렇게 하기 위해서는 절대적으로 인내심이 필요하다. 사지가 뒤틀리는 느낌이 들 것이다. 왜 응답하지 않으시는가? 왜 이리도 오랫동안 기다리게 하시는가? 수없이 질문하며 중간에 포기하기가 십상이다. 하나님께서 "No"라고 하셨다고 믿으면서….

하지만 엘리야는 포기하지 않았다. 이미 믿음으로 선포했고 그 믿음으로 하나님의 응답을 기다렸던 것이다. 성경에서 일곱은 완성의 수다. 그가 일곱 번까지 기도했다는 것은 비가 내리지 않아도 일체 의심 없이 완전히 하나님을 믿으며 하나님께 간절히, 응답받기까지 끈기 있게, 절박하게 기도했다는 의미다. 비는 부흥의 때에 성령의 폭포수 같은 임재에 대한 성경적인 상징이다. 부흥을 위한 기도에는 엘리야와 같이 인내와 끈기있는 기도가 필요하다.

드디어 일곱 번째 다시 바다를 살펴 본 시종이 "바다에서 사람의 손만한 작은 구름이 일어나나이다"(열왕기상 18:44)라고 말했을 때의 엘리야의 반응은 또 놀랍다.

"올라가 아합에게 고하기를 비에 막히지 아니하도록 마차를 갖추고 내려가소서 하라"(열왕기상 18:44). 이것이 눈에 거의 보이지도 않을 손만한 작은 구름을 본 엘리야의 반응이다. 그는 믿고 알았던 것이다. 하나님께서 곧 그냥 비가 아니라 큰 비를 내리실 것이라는 사실을!

그리고 과연 "조금 후에 구름과 바람이 일어나서 하늘이 캄캄하여지며 큰 비가"(열왕기상 18:45) 내리게 되었다. 믿음의 기도는 하나님의 역사를 이루신다!

온 세계의 역사의 주관자가 되시는 하나님 아버지!

이 나라와 세계에 예수님의 재림 전에 주시겠다고 약속하신 성령의 기름을 부어 주시옵소서. 교회와 믿음의 가정 곳곳에서 성령의 놀라우신 역사가 일어나길 기도합니다. 그것을 위해 기도하는 하나님의 종들을 일으켜 주시옵소서.

자신을 돌아보지 않고 먼저 하나님의 나라와 의를 구할 종들, 넓고 편한 길이 아니라 주와 함께 좁은 길을 갈 종들, 자기를 부인하고 십자가를 지고 갈 종들을 일으켜 주시옵소서. 전적으로 주를 의지하고 믿으면서 성령 안에서 끊임없이, 끝까지 쉬지 않고 기도할 종들이 일어나기를 기도드립니다.

주님께서 약속하신 말씀 위에서 쉬지 않고 기도하되 그 말씀이 이루어지기까지 기도할 하나님의 충성되고 신실한 종들이 일어나게 하여 주옵소서. 엘리야와 같이 분연히 일어나 대적의 세력을 즈려밟고 손을 들어 끝까지 싸워 이길 하나님의 자녀들이 일어나게 하시고 그들의 기도를 들으시고 주님, 역사하여 주시옵소서.

전 세계에 놀라운 부흥을, 성령의 넘치는 역사를 일으켜 주시옵소서. 그리하여 주님의 나라와 의가 이 땅에 실현되기를 간절히 기도하오며 예수님의 이름으로 기도드렸습니다. 아멘

다니엘 9장 3-19절

3 내가 금식하며 베옷을 입고 재를 무릅쓰고 주 하나님께 기도하며 간구하기를 결심하고

4 내 하나님 여호와께 기도하며 자복하여 이르기를 크시고 두려워할 주 하나님, 주를 사랑하고 주의 계명을 지키는 자를 위하여 언약을 지키시고 그에게 인자를 베푸시는 자시여

5 우리는 이미 범죄하여 패역하며 행악하며 반역하여 주의 법도와 규례를 떠났사오며

6 우리가 또 주의 종 선지자들이 주의 이름으로 우리의 열왕과 우리의 방백과 열조와 온 국민에게 말씀한 것을 듣지 아니하였나이다

7 주여 공의는 주께로 돌아가고 수욕은 우리 얼굴로 돌아옴이 오늘날과 같아서 유다 사람들과 예루살렘 거민들과 이스라엘 가까운 데 있는 자나 먼 데 있는 자가 다 주께서 쫓아 보내신 각국에서 수욕을 입었사오니 이는 그들이 주께 죄를 범하였음이니이다

8 주여 수욕이 우리에게 돌아오고 우리의 열왕과 우리의 방백과 열조에게 돌아온 것은 우리가 주께 범죄하였음이니이다마는

9 주 우리 하나님께는 긍휼과 사유하심이 있사오니 이는 우리가 주께 패역하였음이오며

10 우리 하나님 여호와의 목소리를 청종치 아니하며 여호와께서 그 종 선지자들에게 부탁하여 우리 앞에 세우신 율법을 행치 아니하였음이니이다

11 온 이스라엘이 주의 율법을 범하고 치우쳐 가서 주의 목소리를 청종치 아니하였으므로 이 저주가 우리에게 내렸으되 곧 하나님의 종 모세의 율법 가운데 기록된 맹세대로 되었사오니 이는 우리가 주께 범죄하였음이니이다

12 주께서 큰 재앙을 우리에게 내리사 우리와 및 우리를 재판하던 재판관을 쳐서 하신 말씀을 이루셨사오니 온 천하에 예루살렘에 임한 일 같은 것이 없나이다

13 모세의 율법에 기록된 대로 이 모든 재앙이 이미 우리에게 임하였사오나 우리는 우리의 죄악을 떠나고 주의 진리를 깨닫도록 우리 하나님 여호와의 은총을 간구치 아니하였나이다

14 이러므로 여호와께서 이 재앙을 간직하여 두셨다가 우리에게 임하게 하셨사오니 우리의 하나님 여호와는 행하시는 모든 일이 공의로우시나 우리가 그 목소리를 청종치 아니하였음이니이다

15 강한 손으로 주의 백성을 애굽 땅에서 인도하여 내시고 오늘과 같이 명성을 얻으신 우리 주 하나님이여 우리가 범죄하였고 악을 행하였나이다

16 주여 내가 구하옵나니 주는 주의 공의를 좇으사 주의 분노를 주의 성 예루살렘, 주의 거룩한 산에서 떠나게 하옵소서 이는 우리의 죄와 우리의 열조의 죄악을 인하여 예루살렘과 주의 백성이 사면에 있는 자에게 수욕을 받음이니이다

17 그러하온즉 우리 하나님이여 지금 주의 종의 기도와 간구

를 들으시고 주를 위하여 주의 얼굴 빛을 주의 황폐한 성소에 비
취시옵소서

18 나의 하나님이여 귀를 기울여 들으시며 눈을 떠서 우리의
황폐된 상황과 주의 이름으로 일컫는 성을 보옵소서 우리가 주
의 앞에 간구하옵는 것은 우리의 의를 의지하여 하는 것이 아니
요 주의 큰 긍휼을 의지하여 함이오니

19 주여 들으소서 주여 용서하소서 주여 들으시고 행하소서
지체치 마옵소서 나의 하나님이여 주 자신을 위하여 하시옵소서
이는 주의 성과 주의 백성이 주의 이름으로 일컫는바 됨이니이
다

다니엘은 바벨론에서 포로의 신분이었다. 그래서 이름도 바벨론
식인 벨드사살로 바꾸어야 했고, 갈대아 사람의 학문과 방언도 배워
야 했다. 처음에 포로로 끌려가 왕궁에서 훈련을 받을 때 왕의 진미와
포도주를 거절하는 것을 시작으로 왕의 신상에 절하지 않는 사람은
사자 굴에 던져 넣겠다는 금령에도 불구하고 그 신상에 절하지 않고
오직 하나님께만 기도하며 무릎 꿇었던 사람이었다. 또한 그를 해하
려는 신하들의 뒷조사에도 불구하고 흠이나 허물을 찾을 수 없을 만
큼 성실했고 어떠한 상황에서도 예루살렘을 향하여 하루 세 번 기도
할 만큼 신실하였다.

그랬기 때문에 다니엘은 바벨론 느부갓네살 왕(주전 605년), 벨사
살 왕, 다리오 왕(주전 530년) 때와 나라가 바뀌어 바사의 고레스에

이르기까지 적어도 65년 정도를 총리직에 있을만큼 인정을 받았다.

그러한 다니엘은 어떻게 기도를 했는가?

겸손, 기도의 참자세

다니엘 9장에 나오는 다니엘의 기도는 하나님이 어떠한 분이신지, 곤경에 처했을 때 어떻게 처신해야 하는 지, 또한 기도드릴 때의 자세는 어떠해야 하는지를 잘 보여 주고 있다.

먼저, 하나님의 징계나 책망에 대해 조금도 '왜'라고 묻거나 반대하지 않고 철저히 자신을 낮추어 하나님께 순종하는 자세와 어떤 부당해 보이는 대우에 불평하거나 자신의 처지를 호소하며 자신의 감정에 빠지지 않는 의연함이다. 그리고 그 모든 재난의 원인이 바로 그 자신의 죄악임을 인식하고 회개하며, 그러한 수욕을 당해 마땅하며 오직 하나님은 선하시고 공의로우시며 옳다고 고백하고 있다. 다니엘의 기도가 응답받게 된 비밀이 바로 여기에 있다.

대부분의 사람들은 하나님께서 주신 재난을 당한 후에 또 다른 어려움이 닥쳐오면 절망과 자기 연민에 빠지거나 다른 사람들의 죄악을 비난하거나 하나님을 원망하게 된다. 그러나 다니엘은 자신과 자기 민족이 당한 극심한 고난 때문에 매우 동요된 상태에서도 하나님의 심판과 자기 민족의 재난 아래 자신을 낮추는 겸손이 있었다. 다니엘 자신과 자기 민족이 범죄하여 하나님께서 벌하실 수밖에 없었다고 그 허물 아래 자신을 굽히며 고백한 결과, 하나님의 마음에 이를 수 있었던 것이다.

이처럼 죄를 시인하고 자백하며 회개하는 자리가 바로 도우심을 구하는 전제조건이다. 하나님은 그처럼 겸손한 자에게 은혜를 베푸시기 때문이다.

금식하며 하나님께 나아간 다니엘

다리오 왕 원년에 다니엘은 하나님께서 선지자 예레미야에게 말씀하신 칠십년의 포로생활이 거의 끝나감을 깨닫게 되었고 이에 그는 "금식하며 베옷을 입고 재를 무릅쓰고 주 하나님께 기도하며 간구하기를 결심"(다니엘 9:3)하게 된다.

사실 그는 바벨론에서 잘 살고 있었기에 특별히 예루살렘의 황무함이 끝나도록 기도할 필요는 없었다. 혹은 자신들이 겪고 있는 고통에 대해 불평하거나 자신의 처지를 알아달라고 호소하며 자기 감정에 빠질 수도 있었다. 하지만 그는 겸손하게 자신을 낮추어 나라와 민족을 위해 특별히 금식하며 베옷을 입고 재를 무릅쓰고 기도하며 간구했다.

여기서 베옷과 재는 슬픔을 나타낸다. 슬퍼한다는 것은 단순한 이기적인 연민이나 불신자들이 갖는 절망적인 슬픔을 말하는 것이 아니다. 그보다는 인간의 죄와 허물로 인해 하나님이 느끼시는 슬픔에 참여하는 것으로써 성령의 감동을 통하여 나타나는 것이라 할 수 있다. 그러므로 금식하며 애통해 하고 자신을 쳐서 낮추는 것은 밀접한 관계가 있다.

또한 이것은 제사장적인 태도를 잘 나타내고 있는데, 제사장적인 기도는 이렇게 자신의 희생이 필요하다. 금식은 '성령을 거스리는 육'인 자신을 전적으로 부정하는 희생으로, 하나님만 경외하고 나가는 태도이다. 즉 "이 땅을 위하여 성을 쌓으며 성 무너진 데를 막아서서 나로 멸하지 못하게 할 사람을 그 가운데서 찾으시는"(에스겔 22:30) 하나님의 요청에 순종하는 모습인 것이다.

금식의 또 다른 유의점은 기도를 강하게 하여 영적 전쟁에서 승리케 한다는 데 있다.

"네가 깨달으려 하여 네 하나님 앞에 스스로 겸비케 하기로 결심하던 첫날부터 네 말이 들으신바 되었으므로 내가 네 말로 인하여 왔느니라 그런데 바사 국군이 이십 일일 동안 나를 막았으므로 내가 거기 바사국 왕들과 함께 머물러 있더니"(다니엘 10:12-13).

여기서 바사 국군은 하나님의 응답을 막으려는 마귀와 악한 영들이며 다니엘이 금식하며 기도한 21일 동안 하나님의 천사들이 그들을 대항해 싸웠으며 결국 영적 전쟁에서 승리하여 하나님의 응답을 받았다는 것을 알 수 있다.

하나님을 아는 지식을 통한 전적인 신뢰

다니엘은 "크고 두려워할 주 하나님, 주를 사랑하고 주의 계명을 지키는 자를 위하여 언약을 지키시고 그에게 인자를 베푸시는 자"(다니엘 9:4)이신 하나님께 기도를 했다. 그는 하나님을 아는 자였다. 기도의 대상이 누구인지 어떠한 분이신지 정확히 알고 있었다. 매일 세 차례 하나님께 기도하면서 다니엘은 하나님께서 어떠한 분이신지 잘 알게 되었던 것이다. 이와 같이 하나님을 알기 위해서는 그 분과 인격적인 교제가 있어야 한다.

그분을 신뢰한 다니엘은 자신들이 범죄하였기에 다가온 재앙은 피할 도리가 없으며 하나님께서 심판하시는 것이 옳으시다고 몇 번이나 언급한 후에, 하나님의 얼굴을 구하며 하나님의 성품에 따라 기도했던 것이다.

깊은 회개를 통한 낮아짐

다니엘 9장 5-6절에 "우리는 이미 범죄하여 패역하며 행악하며 반역하여 주의 법도와 규례를 떠났사오며 우리가 또 주의 종 선지자들이 주의 이름으로 우리의 열왕과 우리의 방백과 열조와 온 국민에게 말씀하신 것을 듣지 아니하였나이다"라고 아뢰는 것을 볼 수 있다. 사실 여기서 범죄하고 패역하고 행악하고 반역하며 주의 법도와 규례를 떠난 사람들에 다니엘은 포함되지 않는다. 그 당시 그는 어렸고 나이가 들어서는 늘 하나님 앞에 신실한 사람이었기 때문이다.

하지만 다니엘은 이스라엘 선조들의 죄악을 자신의 죄악으로 동일시하였다. 기도하는 순간 그 모든 죄는 이미 다니엘의 것이었던 것이다. 그리고 자신이 어떤 죄악을 범하였는지 명확하게 인식하고 고백함으로써 회개의 첫발을 내디뎠다.

다니엘 9장 7-16절에는 하나님의 공의의 판단이 옳음을 나타내고 있다. 하나님께서 이스라엘 백성을 고통 가운데 두신 것은 하나님의 잘못이 아니라 자신들이 하나님의 목소리를 청종치 아니하고 패역하며 주의 율법을 행치 아니하고 범죄했기 때문임을 거듭 고백하고 있음을 알 수 있다. 이로써 다니엘은 전적으로 하나님께서 옳으심을 드러낼 뿐만 아니라 깊은 회개를 하고 있는 것이다.

이렇게 철저히 회개를 한 후 그는 "주 우리 하나님께는 긍휼과 사유하심이 있사오니"(다니엘 9:9)라며 하나님의 자비하신 성품을 바탕으로, 전적으로 우리의 의와는 전혀 상관없이 오직 주의 자비하심을 의지하여 간구했다. 하나님의 긍휼과 자비가 심판보다 더 크다는 것을 신뢰할 때 하나님의 도우심과 긍휼을 얻게 된다. 하나님은 우리의 믿음대로 역사하시는 분인 것이다.

나의 의를 부인하고 하나님의 긍휼을 의뢰

마지막으로 다니엘 9장 17-19절에서 다니엘은 하나님께서 그의 간절한 기도를 듣고 이스라엘의 죄악을 용서해 주셔서 주의 얼굴 빛을 이스라엘 가운데 비추어 주실 것을 간구하고 있다. 무엇보다 "우리가 주의 앞에 간구하옵는 것은 우리의 의를 의지하여 하는 것이 아니요 주의 큰 긍휼을 의지하여 함이오니"(다니엘 9:18)라고 고백함으로써 주님의 긍휼을 구하고 있는 것을 볼 수 있다. 이를 통해 우리가 기도할 때에 우리의 의를 의지하여 기도하는 것이 아니라 하나님의 긍휼을 의지하고 예수 그리스도의 이름으로 기도해야 함을 알 수 있다.

그리고 "나의 하나님이여 주 자신을 위하여 하시옵소서"(다니엘 9:19)라는 고백을 통해 주께서 당신이 약속하신 말씀을 이루시는 것이 합당하고 주님을 위한 것임을 주님께 상기시켜 드리는 모습을 볼 수 있다. 하나님께서 말씀하신 대로 포로로 생활한 지 칠십 년이 되었으니 이제 백성들이 본토로 돌아갈 수 있도록 주의 언약을 이루시기를 기도한 것이다. 그리고 하나님께서 에스겔에게 말한 바 "나 주 여호와가 말하노라 그래도 이스라엘 족속이 이와 같이 자기들에게 이루어 주기를 내게 구하여야 할지라"(에스겔 36:37)라는 조건을 이행하고 있는 것이다.

이런 순종과 간절한 기도 후에 다니엘은 천사에게 "너는 크게 은총을 입은 자라"(다니엘 9:23)는 놀라운 말씀을 듣게 되었다. 그리고 이스라엘 백성은 그들의 땅으로 돌아오게 되었다.

하나님, 제가 주님의 응답을 들으려고 금식하며 베옷을 입고 겸손히 하나님께 간구합니다.

위대하고 두려우신 하나님, 하나님을 사랑하며 하나님의 계명을 지키는 자들에게 언약과 인자를 베푸시는 하나님, 긍휼을 베푸사 저희의 기도를 들어 주시옵소서.

하나님, 우리는 죄인입니다. 저희가 악한 일을 저지르며 주의 법과 명령을 떠나서 살았습니다. 주께서 주의 종들을 통해 우리의 대통령과 지도자들과 우리에게 하시는 말씀을 듣지 않았습니다.

주님, 주는 언제나 의로우십니다. 주는 우리를 긍휼히 여겨 주시고 우리의 죄를 용서하여 주시는 분이십니다.

그러나 우리가 범죄함으로 인해 어려움과 부끄러움을 당하고 있습니다. 사람들에게 수치를 받고 있습니다. 우리가 주께 순종하지 않고 주의 율법을 어기고 벗어났기 때문입니다.

하나님이 행하시는 모든 일이 공의로우시나 우리가 주의 목소리를 청종치 않았으며 범죄하였습니다. 더군다나 이런 환난 가운데서도 주께로 돌아가지 않고 있습니다.

그러나 오 주님, 주님의 이름을 위하여, 주의 공의를 좇아 긍휼을 베풀어 주시옵소서. 무너진 가정을 일으키시고, 주를 향한 예배를 회복시켜 주시옵소서. 나라를 회복시키시어 주님만이 하나님이시라는 것을 모두가 알게 하여 주옵소서. 나의 하나님, 기도를 들으시어 직장이 없어 방황하는 청년 실업자들과 어려운 경제로 인해 무너진 가정을 돌아보시고 영적으로 빈곤해진 교회를 돌아보소서.

우리가 주의 앞에 간구하옵는 것은 우리의 의를 의지하는 것이 아니라 크신 주의 긍휼을 의지함이니, 주여 들으시고 이 민족과 저의 죄를 용서하여 주옵소서.

주님 지체치 마시고 이 민족을 고쳐주시옵소서.

주여, 자비를 베푸소서. 주님, 행하여 주옵소서.

예수님의 이름으로 기도하옵나이다. 아멘

오늘 하루를

당신과 사람들 앞에서

책임감 있게 살아갈 수 있는 능력을

우리에게 베풀어 주옵소서

– 디트리히 본 회퍼 –

믿음의 선진들의 기도

Prayers based on Words

파스칼 / A. W. 토저

더글러스 맥아더 / 찰스 스펄전

성 아우구스티누스 / 윌리엄 바클레이

파스칼

주여, 당신은 모든 일에 지극히 선하시고 인자하십니다
주여, 당신의 공의가 나에게 주신 이 고통스러운 상태,
곧 질병 속에서도
이방인처럼 행동하지 않게 하옵소서.

어떤 어려운 상태에 빠지더라도
당신을 나의 아버지, 나의 하나님으로
섬기던 그 신비를 잃지 않게 하옵소서
당신은 당신을 섬기도록 나에게 건강을 주셨지만
나는 그 소중한 건강을 속되게 사용하였습니다.

이제 당신은 나를 바로잡으시기 위해 질병을 주셨습니다
주님, 내가 성급하게 나의 병을 다루어
당신을 노엽게 하지 않도록 하옵소서
나는 그동안 나의 건강을 악용하였습니다
그리고 당신은 적절하게 나를 징계하셨습니다
주님, 당신의 징계를 악용하지 않게 하옵소서
만일 나의 체력이 이어지는 동안

내 마음이 이 세상에 대한 애착으로 가득하다면

주님, 나의 구원을 위해서 나의 체력을 없이해 주옵소서

육체의 허약으로, 또는 사랑의 열정으로 이 세상을 즐기지 말고

오직 당신만을 기쁘시게 해드리도록 인도해 주옵소서.

주님, 내 생애의 마지막과 이 세상의 종말을 두고 당신 앞에서

나의 삶, 나의 모든 행동을 청산해야 합니다

나의 하나님, 나를 쇠약함 속에 빠뜨려 주시고

내가 지녔다고 믿었던 모든 것을 파괴하심으로써

그 무서운 종말의 날을 에비케 하심을

이제 내가 살아 있는 동안 당신을 찬미하고 감사드립니다.

주여, 오직 혼자 당신 앞에 서게 하소서

나의 하나님, 나의 생애를 인도하시는

당신의 놀라운 섭리의 질서를

침묵 속에서 홀로 찬미하게 하옵소서

당신이 나에게 주시는 고난이 나의 위로가 되게 하옵소서.

나의 하나님!

나의 마음이 얼마나 완고하고 완악한지 주님이 아십니다

여러 생각과 염려와 불안과 이 세상에 대한 집착으로 가득 차

건강은 물론 병도, 대화도, 책도, 성경 말씀도,

자선도, 금식도, 고행도, 기적도,

성찬도, 나의 어떠한 노력도

더 나아가 전 세계의 노력조차도,

당신의 은총이 없이는 그 어떠한 것도

회개하게 하는 데 아무런 도움이 안 된다는 것을 알고 있습니다.

그러므로 전능하신 하나님, 당신을 간절히 부릅니다

주님, 당신을 떠나서

내가 누구를 부르며 누구에게 의지하겠습니까?

하나님 아니면 그 무엇으로도 나의 기대를 채우지 못합니다

내가 찾고 내가 구하는 것은 오직 하나님 한 분뿐입니다

주여, 나의 마음을 열어 주옵소서

죄악이 점령했던 이 반역의 자리에 들어오옵소서

육체의 병이 영혼의 약이 되게 하옵소서.

주여, 지나간 날을 돌이켜보면

주께서 내가 큰 죄를 지을 기회를 비켜가게 하셨으므로

큰 죄를 면했던 일이 얼마나 많았는지요

그러나, 끊임없이

게으름과 가장 존엄한 당신의 성찬을 악용하고

당신의 말씀과 영감을 가볍게 여겨

나의 생각과 행동을 무위에 빠지게 했고

헛수고와 시간을 낭비한 죄로

당신 앞에서 가장 초라한 자가 되고 말았습니다.

주여, 나의 부패한 이성을 바꾸고 나의 심정을

당신에게 부합하도록 은혜를 베푸소서

주여, 이 부패한 흙덩어리 위에 성령을 부어주옵소서.

당신 앞에 드러난 나의 전 존재는

너무도 초라하고 보잘것없습니다

당신을 기쁘시게 해드릴 것을 내 자신 속에서

단 하나도 찾을 수 없습니다.

하지만 주님, 나는 오직 한 가지 알고 있습니다
당신을 따르는 것이 최상의 선이요
당신을 거역하는 것은 악이라는 것 말입니다
주님, 부디 저를 당신께 묶어 주옵소서
나의 마음과 영혼 속에 들어오사 좌정해 주옵소서.

듣는 법을 가르쳐 주소서
(하나님의 음성을 듣게 해달라는 기도)

A. W. 토저

주님, 나에게 듣는 법을 가르쳐 주소서!

이 시대는 소란하고 내 귀는 계속적으로 귀를 울리는

많은 거슬리는 소리로 인하여 지쳐 있습니다

사무엘이 당신께

"말씀하옵소서, 당신의 종이 듣겠나이다"

라고 말할 때에 지니고 있던 영을 나에게 주옵소서.

당신께서 내 심령에 하시는 말씀을 듣게 하옵소서

당신의 음성에 익숙하게 하여 주옵소서

땅의 소리들이 사라질 때

당신의 어조가 나에게 친밀한 것이 되고

당신께서 말씀하시는 음성만이

음악처럼 울려 퍼지게 하옵소서. 아멘.

더글러스 맥아더

나에게 이런 자녀를 주옵소서

약할 때 자기를 분별할 수 있는 강한 힘과

무서울 때 자신을 잃지 않을 수 있는 담대성을 가지고

정직한 패배에 부끄러워하지 않고 태연하며

승리에 겸손하고 온유한 자녀를 주옵소서

생각해야 할 때 고집하지 말게 하시고

주를 알고 자신을 아는 것이

지식의 근본임을 아는 자녀를 나에게 허락하여 주옵소서

바라옵건대 그를 안일과 쾌락의 길로

가지 않도록 지켜 주옵소서

고난과 도전에 분투 항거할 줄 알도록 인도하여 주옵소서

그 마음이 깨끗하고 그 목표가 높은 자녀

남을 정복하기 전에 먼저 자기 자신을 생각하는 자녀

장래를 내다보는 동시에 과거를 잊지 않는

자녀를 나에게 주옵소서

그리고 또 유머를 알게 하시며

인생을 엄숙하게 살아감과 동시에 삶을 즐길 줄 알게 하시며

자기 자신을 너무 크게 평하지 말고

겸손한 마음을 가지게 하옵소서

그리하여

참으로 위대한 것은 소박한 것이며

참된 지혜는 개방된 것이요

참된 힘은 온유라는 것을

명심하게 하여 주옵소서

말씀대로 살게 하소서_(합당한 삶을 위한 기도)

찰스 스펄전

주님!

말씀을 우리 마음판에

더 온전히 기록하여 주시길 기도합니다

진리를 알아

그 진리로 자유케 되길 원합니다

그 진리로 거룩하게 되길 원합니다

오!

하나님께 합당한 삶을 우리 안에 이루어줄

살아 있는 씨앗이 우리에게 있게 하옵소서

그래서 죽은 자의 하나님이 아니라

살아 있는 하나님이신 것을 기억하면서

우리의 모든 삶이

하나님께 드려지게 하옵소서.

주님!

저희가 곁길로 갈 때마다

주의 말씀이 우리를 바로잡고

한순간이라도 어둠으로 끌려 갈 때

빛이 되게 하시길 간절히 기도합니다

주의 말씀으로 온전히 다스림을 받게 하옵소서

가장 작은 일에서부터 하나님의 뜻을 행하기 원하고

모든 생각이 하나님의 영에 사로잡혀

어떤 점에서도 말씀에 순종함으로

우리 자신을 포기할 수 있게 하옵소서

하나님의 백성을 축복하시되

진리의 말씀으로 흠뻑 적셔 주옵소서.

주님!

주의 백성들이 세상에 많이 있습니다

그러나 세상이 그들을 주님으로부터 떼어 놓지 못하게 하소서

세상에 살면서도 세상에 묻히지 않고

세상을 밟고 일어서서

항상 물질적인 것을 초월하여 영적인 승리를 갖게 하소서

오! 우리가 불경건한 세대 가운데 있을 때

하나님의 말씀으로 우리를 지켜 주소서

잠언의 말씀이 지혜를 공급하고

시편의 말씀이 위로를 주며
서신서 말씀들이 하나님의 나라에서 행할 바를
깊이 가르치게 하소서.

주님!
더 높은 삶을 가르쳐 주시되 곧 시작하게 하옵소서
늘 배움의 학교에 있으면서
제자가 되게 하시고 세상에 나갔을 때
예수님의 발 아래서 배운 것을 실습하게 하옵소서
주님이 어둠 속에서 말씀하신 바를
우리가 빛 가운데서 외치게 하시고
주님이 골방에서 우리 귀에 속삭이신 것을
지붕 꼭대기에서 외치게 하소서.

내 속의 죄악을 용서하소서

성 아우구스티누스

주여!

내 속에는 나를 기쁘게만 하고

다른 사람이나 주님을 기쁘시게 하지 않는 악이 있습니다

당신 앞에서 선하지 않는 것도 선한 것같이 여기고

즐거워하는 선이 있다면

그것이 당신으로 말미암아 온 선인 줄은 알지 못하고

자기의 선인 줄만 알고 있나이다

당신의 것을 자기의 것으로 알고 있습니다

당신에게 받은 은혜를 가지고 있으면서도

형제와 함께 즐거워하지 아니하고

오히려 다른 사람이 가진 은혜를 부러워하고 있습니다.

주여! 당신은 나의 이러한 사실에서

내 죄와 내 멸망을 보고 계시나이다

그러나 나는 내 죄로 인하여 벌을 받음보다

당신 은혜로 인하여

내 영혼의 상처가 치유될 것을 확신하나이다.

– 성 아우구스티누스의 참회록 중에서

성령의 열매를 맺게 하소서

월리엄 바클레이

오, 하나님!

감사와 찬양을 드립니다.

우리 죄를 용서하시고 우리의 생활 가운데서

사랑의 열매를 맺도록 하여 주옵소서.

주께서 우리에게 베푸셨던 모든 일과

우리를 위해 행하신 모든 것을 잊지 않고

주님을 깊이 사랑하도록 도와 주옵소서.

주님이 우리에게 허락하신 생명과

가치있는 것으로 살게 하신 것,

또 예수 그리스도를 친구로 하고

본으로 삼으며 구주로 삼아 주셨음을

언제나 기억하도록 도와주시옵소서.

이웃을 사랑하고 이기주의와 자기 중심이 아니라

이웃을 위해 하는 일에서

행복을 발견하는 사람이 되도록 도와주시옵소서.

오 하나님!

우리 생활 가운데서 기쁨의 열매를 맺게 하옵소서.

언제나 기뻐하며 행복해 하도록 도와주시고

모든 일이 비록 잘 되지 않을지라도

웃으며 살아가도록 도와주옵소서

모든 일에서 밝은 면을 확대시키고

비록 최악의 경우를 당해도

감사할 면이 있다는 사실을 잊지 않도록 도와주소서.

울상이 되거나 불평함으로

비관자가 되거나 인색한 자가 되지 않게 해주소서.

우리 원대로 하지 않고 주님 뜻대로 하게 하시오며

자신의 생각대로가 아니라

다른 이의 것을 생각하는 것으로

기쁨을 발견할 수 있는 사람이 되고자 합니다.

오 주님이시여.

우리의 생활에 평화의 결실을 하게 하소서.

사물에는 침착히 대하게 하시고

잘 되지 않는 일에도 낭패하거나 중단하는 일 없이

시시각각으로 일어나는 일들을 바르게 취하도록 도와주소서.

어려워도 하지 않으면 안되는 일에는

당황치 않게 하시고, 이성을 잃지 않게 하시고,

주변이 요란해도 침착을 잃지 않게 하소서.

결코 실망하지 않고, 사람들이 어려움을 당할 때

우리에게는 하나님을 의지하도록

침착하고 굳세게 하여 주소서

하나님이시여!

또 우리의 생활에서 인내의 열매를 맺게 하여 주옵소서.

우리의 일과 학업에도 인내를 갖게 하시고

굴복하거나 중단하지 않고 일관하게 하옵소서.

이웃에게는 관용케 하시고

화내거나 노하는 말을 입 밖에 내지 않게 하시고

일의 진행이 여의치 않고 그 길이 순탄치 않아도

참으며 하게 하소서.

오랜 시간이 소요되고

순간적으로 해결이 되지 않는 일에도 인내하게 하시옵소서.

가치 있는 행위에도 어려움 따르고

가치 있는 것 얻음에도 괴로움 있고

값 있는 존재됨에도 고통이 오나

그 어려움, 그 괴로움, 그 고통이

값 있는 것임을 잊지 않게 하소서.

오 하나님!

우리의 생활 가운데 친절의 열매를 맺게 하여 주시옵소서.

다른 사람들을 위해서 제가 할 만한 일을 빨리 발견하고

열심히 그리고 기쁘게 행할 수 있게 하옵소서.

언제나 친절하고 기쁘게 다른 사람의 손이 되게 하여 주옵소서.

비록 저 자신이 갖고 있는 것이 보잘것없다 해도

언제나 기꺼이 우리에게 있는 모든 것을

기쁨으로 나누어 가질 수 있도록 도와주소서.

불친절한 말을 쓰지 않고,

냉담한 태도를 취하지 말며

다른 사람에게 언제나 최선을 다하는 마음을 쓰며

책망하기보다는 도리어 기쁨으로 용서할 수 있도록 도와주소서.

다른 이에게 친절을 받고 싶은 것같이

다른 사람에게 친절을 베풀 수 있도록 도와주옵소서.

오 하나님!

저의 생활 가운데 선한 열매를 맺게 하여 주소서.

저희 언어와 행동, 그 모든 것이

다른 사람에게 좋은 본이 되게 하옵시며

또한 어느 누구에게도

잘못된 길로 가게 하는 결과를 주지 않게 하소서.

우리의 언어는 정직하고 품위 있게 하시며

우리의 행동이 주님 보시기에 합당케 하시오며

비밀히 하려는 생각이나

다른 사람들에게 알리려 하지 않는 것은

결코 하지 않도록 하시며 모든 생각을 깨끗게 하옵소서.

어떤 깊은 비밀이라도

태양 아래 환히 내 보일 수 있도록 도와주소서.

어떤 일에도 교만과 허영으로 하지 않게 하시고

저희가 이미 안 것에 대해서가 아니라 알지 못한 것에 대해서도

또는 이미 행한 것에 대해서가 아니라 앞으로 행할 것에 대하여

그리고 지금의 자신들보다는 앞으로의 자신에 대해서

생각할 수 있도록 도와주소서.

오 하나님!

신실의 열매를 맺게 하여 주옵소서.

자신에게는 진실하게 하시고 이웃에는 신실로 대하게 하시며

우리를 아끼는 사람들에겐 존경의 마음을 주게 하시고

주님께는 참으로 진실 그 전부를 바치게 하옵소서.

어떤 일에도 거짓을 말하지 않게 하시고

약속에는 성실로 지키게 하옵소서.

이웃을 돕고 그들을 부끄럽게 하는 일 없도록 하옵시며

우리를 사랑하는 자에게 슬픔이나 실망을 주는 일 없게 하소서.

작은 일이나 큰 일이나 서로 신용하게 하시며

정직하고 존경 받을 만한 신실의 사람이 되게 하소서

오, 하나님!

저희 생활에서 온유의 열매도 맺게 하여 주옵소서.

성내거나 지독한 말을 하지 않게 하시고

다른 사람의 마음에 상처를 주거나

감정을 상케 하는 일을 하지 않게 도와주소서.

이웃이나 비록 동물에게까지도

상처를 주며 기뻐하는 일 없게 하옵소서.

자신의 기분이 타인에게 존경받고 싶어함같이

타인의 기분도 존중하게 도와주시옵소서.

우리 자신보다 약한 사람들을 대할 때

거칠고 난폭하지 않도록 도와주옵소서.

그리고 병든 사람들, 연로한 사람들,

약하고 상처받기 쉬운 사람들에게는

특별히 부드럽고 사려 깊은 마음으로 대하게 하여 주옵소서.

하나님!

이제 절제의 열매도 우리 생활 가운데 맺게 하여 주소서.

아무쪼록 자신을 절제하고 극기할 수 있게 용기를 주옵소서.

항상 우리의 기분과 언행을 조정할 수 있게 하시고

감정과 충동을 제어할 수 있게 도와주옵소서.

일시적 감정으로 누군가에게 상처를 주어

평생 후회할 행동에 빠지지 않게 하시고

우리 생각을 통제함으로 부정한 생각, 용서 못하는 마음,

질투하는 마음, 추하고 불결한 생각이

마음속에 들어오지 않게 도와주옵소서.

예수님 이름으로 기도합니다. 아멘.